中村俊輔

察知力

GS
幻冬舎新書
082

察知力／目次

構成　寺野典子

第一章 成功へ向かうとき、必要なものが「察知力」だ

MVPをもらった瞬間だからこそ感じた「危険」

２００７年4月にリーグ2連覇を果たしたあと、僕はスコットランドリーグのＭＶＰに選んでもらいました。

授賞式は盛大で、タキシードを借りて出席した。たくさんの祝福の言葉をいただいたが、「サンキュー」と小さな声でいうのが精一杯だった。

1年間、最終節以外すべてのリーグ戦に出場し、2年連続のリーグタイトルも手にでき、初めて出場した欧州チャンピオンズリーグでは、ベスト16まで駒を進めることができた。そのうえで、ＭＶＰをいただけたことは、本当に光栄だと思ったし、同時に、ともに戦ったチームメイト、支えてくれたスタッフや家族への感謝の気持ちを改めて感じてはいたが、僕は笑うことができなかった。もちろん微笑むくらいのことはできたけど。

歓喜や達成感以上に僕の感情を支配していたのは、「来シーズンはきっと大変なシーズンになるだろう」という予感と、そのために何をしなくてはいけないのか？　ということ。来シーズンへの危険察知の思いだった。

チャンピオンズリーグ決勝トーナメント進出を決めた、マンチェスター・ユナイテッド戦（06年11月21日）でのゴールなど、フリーキックで決めたゴールも多い。来シーズンは僕のフリーキックを警戒して、僕が蹴る瞬間にふたりのディフェンダーがゴールのなかに入ってくると思う。蹴る前から敵がそこにいれば、直接ゴールを狙うのではなくて、フォワードに合わせることもできる。でも、そんな風にゴールのなかに相手ディフェンダーがたくさんいると、僕が蹴るコースはゴールの上の角を狙うことが増えるだろう。だから、その上を狙う練習も始めなくちゃいけない……。

やっとシーズンが終わったばかりだというのに、僕はそんなことばかり考えていた。MVPを受賞したからといって、何かが完結したわけじゃない。ひとつのシーズンが終わったに過ぎない。まだまだ僕はサッカーをプレーし続けるのだから、先のことを考えて準備しておかなければいけない。

喜びをはじけさせることよりも、僕はそんな気持ちに支配されていた。それはちょっとした危機感に似ているのかもしれない。未来を察知し、そのための準備を怠らない。これは僕にとって、とても自然な気持ちの流れだ。だって、そうじゃないと、すぐ誰かに追いつかれ、追い越されてしまうから。

それは試合でも同じこと。勝利の喜びは、試合終了の笛とともに胸を躍らせてはくれるけれど、ロッカールームに戻り、シャワーを浴び、日課にしていた筋肉トレーニングなどでクールダウンをしていると、気持ちはすっかり落ち着いてくる。セルティックパーク（セルティックのホームスタジアム）の大きな風呂につかっているころには、反省ばかりしていることも少なくない。あのとき、パスを出すタイミングを少し遅らせていれば、受け手にとってもっと楽な状況が作れたのかもしれない。身体《からだ》の向きを少し変えれば、もっと広い視野を確保できたかもしれない。だから、来週はこういう練習に力を入れたほうがいいなとか、自主練習の時間をふやそうかなとか、考えるネタはつきない。

ゴールを決めたり、イメージ通り、もしくはそれ以上のプレーができたとしても、その直後には次のことを考えている。自分のコンディション、味方の動き、相手の動向を察知しながら、何をすべきか。もっといいプレーをするため、勝利のために必要なことはなにかと頭をめぐらせている。

そういえば、06―07シーズンの優勝を決めた4月22日のキルマーノック戦は違った。同点で迎えたロスタイム、フリーキックからのゴールを決めたあと、僕はユニフォームを脱いで、スタンドのサポーターのもとまで走っていた。だって、ロスタイムだったからね。しかも勝てば優勝が決まるという大事な試合だった。普通、僕のような中盤の選手があの時間帯で得点することは、あまりない。だから、あのときは喜びを爆発させてみた。いつか、バク宙や側転も披露したいと思っている……といっても、あまりそんなシーンもないんだろうけれど。

強豪に勝利したときも、喜びは冷静な気持ちで受け止める

06年11月21日、ホームにマンチェスター・ユナイテッドを迎えたチャンピオンズリーグ・グループリーグの試合は、僕のゴールで1―0とし、勝利した。ゴールキーパーのボルツがPKを止めてくれたことをはじめ、チームが一丸となって戦い、手にした結果だ。

その勝利で、セルティックはクラブ史上初めて、チャンピオンズリーグの決勝トーナメント進出を決めることができた。しかも相手はマンチェスター・ユナイテッド。勝利の喜びは格別なものだったけれど、風呂から上がり、記者が待つミックスゾーンへ向かったとき、僕は冷めていた。ユナイテッドのチーム力、そこでプレーする選手たちのレベルの高さを嚙み締めていた。

目指すべき場所はまだまだ先にある。そんな思いしかなかった。

その後、07年2月決勝トーナメントでACミランと戦ったときは、ホームでの第1戦は

ドロー、アウエイ（敵地での試合）での第2戦は延長戦までもつれ、セルティックは健闘しながらも敗れた。でも落胆することはなかった。試合終了直後には敗戦の悔しさがあったけれど、ミランとセルティックとの差、そして僕と彼らとの距離を体感できたことを嬉しく思う気持ちもあった。

僕が初めてヨーロッパでプレーしたレッジーナ時代にも、ACミランとは数回対戦している。セリエAの上位と下位。チームの力の差は歴然で、とにかく必死で守るしかなかった。そんななかであっても、なんとかしてやろうと僕はもがいた。

1チャンスであっても、前を向いてボールを保持できれば、ゴールに繋がるプレーをやってやろうと頭をフル回転させていた。

それでも僕は簡単にミランに跳ね返されていた。

何をすべきか？　未来を察知し、その準備に心をくだいた。

数年後、セルティックの一員として戦ったミラン戦では、レッジーナ時代よりも〝何か〟できたと思う。レッジーナとセルティックでは、チームの力量の違いもあるけれど、僕は少し前へ進めていた。様々な体験をしたことで、使える引き出しの数が増えたぶん、対応できる場面が増えたということなのかもしれない。

「自分にはまだまだ歯が立たない」と思える素晴らしさ

そして、07年のACミランとの対戦でも、新たに多くの課題を手にできた。足りないものがわかれば、それを埋めることを考えればいい。何もわからないより、よっぽど素晴らしい。「敗戦から得るものはない」と言う人もいるかもしれない。でも僕は、負けても得るものはあると考えている。

歯が立たない、自分はまだまだだと思えたら、それはそれで素晴らしいことだと感じている。だって、課題が見つかったってことだから。ラッキーだと感じる。その課題を克服すれば、「また自分の引き出しが増えるな」と。僕はそういう思いをしたくて、ヨーロッパに来たといっても過言ではないから。

01年3月、僕は日本代表の一員として、フランス代表と戦った。場所はパリ郊外にあるサンドニスタジアム。雨が降り、水を含んだピッチでの試合だった。相手のフランス代表は98年のワールドカップに続き、00年欧州選手権でも王座に輝いていた、正真正銘の世界一のチーム。僕らは5－0と大敗した。

左アウトサイドで先発した僕は、本当に何もできなかった。荒れたピッチの上で、僕はボールすらまともに扱えないというのに、ジダンを始めとしたフランスの選手たちは軽々と思い通りにプレーしていた。落ち込んだ。大敗したこと以上に、僕は何をやってんだって。当時、代表ではクラブとは違うポジションでプレーすることに悩んでいたんだけど、「Jリーグでいいプレーして、代表で左サイドやっている」なんて、そんな小さなことで悩んでいる場合じゃないだろ。このままでは、僕は置いていかれてしまう。……そんな危機感でいっぱいになった。

欧州へ行こうと決めた。以前から将来の目標として、いつか欧州でプレーしたいとは思っていたけれど、目標とかそういうことじゃなく、行かなくちゃいけないと決めた。

満足すると、痛い目にあう

「置いていかれちゃう」

この危機感はずっと僕のなかにある。もちろん今も。何に対して置いていかれるかは、そのときそのときで違うけれど、この気持ち、危機感がなくなれば、僕はサッカーをやめる。まあ、なくならないと思うけど。

なぜ、そんな気持ちになるかというと、満足してしまい、痛い目にあったことが過去にあるから。あんな思いは二度としたくないといつも思っている。

だから、いつも先を見て、周囲を見て、空気を読んで、自分に足りないものは何かと察知して、準備しなくちゃいけないと、僕は常にそう考えている。これは、そう心がけているというものじゃなくて、自然とそうなる。中村俊輔に染みついていることだ。MVPを受賞しても笑えないのは、そういう理由なのかもしれない。

壁があるほうが僕は落ち着く。どんなに分厚い壁であっても、それから逃げることはない。逃げようという気持ちも起きない。どんなに困難で、たとえ、ぶつかって砕け散ったとしても、〝ぶつかった〟ことで得るものがあるから。

結果も出なかったし、陽も当たらなかったけれど、初めて欧州でプレーしたレッジーナ時代は、壁がたくさんあったぶん、引き出しも増えたし、伸びることができた。

そんな体験があるから、たくさんのMVPを受賞し、多くの人から賞賛の声をかけてもらったけれど、僕は必死で壁を探していた。未来を察知して、必要な壁を探していた。

「俺のほうが巧いのに……」

僕は神奈川県横浜市に生まれ、幼稚園のころからサッカーを始めた。

今でも、父が小学生時代に撮影してくれた試合の8ミリ映像を見るんだけど、自分でも驚くくらい「巧いなコイツ」と思えるプレーをしていたりする。何も考えずに勝手に身体が動いている感じで、すごいプレーが飛び出す。感覚だけでやっているんだろう。イメージを超えたプレーというか。今でも、そういうプレーが出るときもあるけれど、子どものころ、小学3年とか4年のときだからね。昔の自分を見ながら、ちょっとした優越感というか、少しうれしい気持ちになることもある。

中学に入ると、日産FC（現・横浜F・マリノス）のジュニアユースチームに加入した。何百人という子どもたちと一緒にセレクション（選抜試験）を受けた。地元の子どもにとって憧れのチームだから、すごく高い競争率だったはず。中3のときにJリーグが開幕したが、プロになることへはそれほど興味はなかった。目の前の現実で必死だったから。

当時、チームメイトはフィジカル強化の筋肉トレーニングを始めているのに、僕はそのメニューを禁じられていた。それは身長がまだ伸びきっていなかったから。平均身長より10センチくらい小さかった。焦ったよ。「どうして僕だけが」ってね。

そんなときコーチだった樋口靖洋さん（08年から大宮アルディージャ監督）が「身長はいつか必ず伸びるから、今は技術を磨け」とアドバイスしてくれた。この言葉は本当にありがたかったし、将来自分が指導者になっても、樋口さんのように子どもの気持ちを想像したアドバイスができればと思っている。

だから僕は筋トレができないぶん、フリーキックやボールを足の裏で扱うとか、そういうテクニック中心の練習ばかり熱心にやっていた。

中2の終わりころから、試合にも出られるようになった。当時、中2で中3の試合に出る選手は少なかったし、「ああ、このまま3年生になったらレギュラーでプレーできるんだな」と思っていた。今思うと、そこから間違いは始まっていた。

中3になるとレギュラーメンバーに選ばれた。でも、だんだん先発から外されていく。僕は「なんでだよ。俺のほうが巧いのに」と不満に思っていた。しかし、試合のメンバーには選ばれない。チームは全日本クラブジュニアユース大会で優勝したけど、僕はふてくされたままだった。年末にある全国大会の地区予選で敗退し、チームは秋に解散。中学卒業後ユースチームへ上がるメンバーにも、僕は選ばれなかった。

僕がユースチームへ上がれなかった本当の理由

僕がユースチームへ上がれなかったのは、背が小さかったからだと言われているけれど、本当の理由はそんなことじゃなかった。

中3になった僕は自分が試合に出られることがうれしくて、自分のやりたいプレーばかりをやっていた。いい気になっていたんだよね。個人技ばかりで、チームのサッカーを考えていなかった。

当時、サッカーはだんだん組織的なものへと変わっていた。ひとりでボールを持ち続けるのではなく、1タッチ、2タッチでどんどんパスを繋いでいくサッカーへと。

でも僕はそういうチームの変化を察知することができずに、自分のやりたいプレーをしていた。プロになってから、当時の試合のビデオを見たんだけど、こんなプレーしていたら外されてもしょうがないなと思った。でも、中学生の僕はそういうことに気がつかず、試合から外された不満を爆発させていた。

最悪の展開。

「なぜ外されてしまったのか？」と考えなくちゃいけなかったのに。原因を考えることもせず、僕はただイラだっていた。そんな僕に対して、コーチはなにも言わなかった。きっと、自分で原因に気がつかなければ意味がないからだ。

チームの戦い方の変化の兆しをとらえて、そういう空気を察知し、準備できなかった僕は、単純に力が足りなかったということだ。ユースへ昇格できないという進路が決まったあと、やっと気づくことができた。「試合に出られている現状に満足しきっていた」という油断が最悪の結果を導くことを中3で思い知った。

物事が起きるには、絶対に何か原因があるはず。自分の思い通りにことが進まないなら、その原因を察知して解決の糸口を見つけ出せばいい。でもそれができなかった僕は、ユースには進めず、桐光学園へ進学し、高校の部活でサッカーをすることになる。

もし、試合から外された直後に原因を察知し、気持ちを切り替えて、頑張っていたら、ユースへ上がれたかもしれない。そういう〝かもしれない時間〟を無駄にした。その経験があるから、僕はすべての時間がもったいないと感じるようになったし、常に周囲の空気を読んで、未来を察知して、準備しようと考える。

たとえば、新しい選手がクラブに加入する。そういう変化のなかで、「僕はどういうプレーをしなくちゃいけないのか？」というような危機を察知する準備は怠らない。だって、もう中3のときのような思いをしたくはないから。あんなことになるのが怖い。だから、いつも壁を探し、危機感を持ちつづける。満足感は持ちたくない。

トラウマ。そういうことなのかもしれない。

高校の部活でサッカーをした時間が僕を育てた

クラブチームと学校の部活とでは、その雰囲気はまったく違う。

たとえば、クラブチームでは先輩後輩という垣根がない。力があれば年齢に関係なく試合に出られるし、先輩のことを〝○○クン〟と呼ぶことも多い。そういう空気があるから、Jリーグや代表でも、3つくらいしか年が違わないとニックネームやクンづけで呼び合ったりする。それは他のスポーツとはちょっと違うのかもしれない。

しかし、部活は違う。先輩、後輩の立場が明確だし、1年生はまずボール拾いからスタートする（最近そういう学校は少ないみたいだけど）。

僕が桐光学園に入学した当時、1年生がすることとは、ボール拾いだった。練習中、ボールを蹴るのではなくて、先輩の練習を見ながら、転がってきたボールを拾うだけ。しかもそのボールは昼休みに、僕ら1年生が磨いたボール。唾をボールにつけて布で磨く。今、そんなことをやっているプロのチームもないと思うけど、当時はなぜか磨いていた。唾をつけてボールの縫い目の溝を磨く。次第に唾が出てこなくなると、ジュースを買ってきてそれを飲んで口の中を湿らせた。要領のイイヤツは水とかで磨いたりするけど、見つかると「やりなおし」だった。

しかも、雨が降ると土のグラウンドが水浸しになるから、練習前にスポンジでグラウンドの水を吸い取る仕事もしなくちゃいけなかった。僕らが作ったグラウンドで、練習をしているのは先輩。「なんだここは？」と、クラブ育ちの僕はカルチャーショックを受けた。「間違ったところに来たんじゃないか」と思ったりもしたけれど、「やめよう」とは思わなかった。

「1年生の間はしょうがない。2年生になったら頑張ればいい」と思ったし、全体練習中にボールを蹴ることができないんだったら、他の時間にやればいいと考えた。だから、授業が始まる前の朝練習や、練習が終わったあと、グラウンドの照明が消されるまで、自主練習をやっていた。

自主練習も、ただやるだけじゃなくて、テーマを設定して、「今週はこういうことができるまでやろう」という風に順序だててやった。努力というよりも、そうやってテーマを作ってやったほうが楽しいから。ひとつのテーマをクリアしたら、次のテーマという風に。ただ漠然とやるよりも、僕にとってはそのやり方がずっと面白い。ロールプレイングのゲームをやるのと似た感覚かもしれない。

高校サッカーの厳しい状況から「逃げちゃいけないから」と考えて、自主練習を始めたわけじゃない。現実を察知して、それじゃあどうすべきかと、自然と身体が動いたという感じだ。それも、ユースに上がれなかった経験があったからだと思う。自分の思うようにはいかない現実を不満に思っていても、いいことはなにもないから。

高2になると、高校選手権に出場し、高校選抜にも選ばれた。県選抜チームで国体にも出場できた。そして、関東選抜に入ったりして、高校選手権で優勝した学校の選手と一緒にプレーする機会が増えてくると、「やっと追いつけたのかな」と思えた。

中2のときに全国優勝した大会で、少しだけ試合に出ていた。それから例の中3の間違いがあった。ユースには上がれなかったが、再び全国レベルに戻ってこられた。

そして、その後、高校生ながらU－19日本代表にも選ばれ、アジアユースにも出場でき、文字通りトントントンとうまく進んだ。

高いレベルへ行けば、巧い選手もいるし、また新しい壁が出てくる。次々と壁が出てくるから、壁を予測して、準備して、壁に備える。そのためには察知能力が必要となる。そんな風に先を見て準備をしておけば、気がついたときにフッと壁を越えていたりもする。

そして、僕はわかった。自分がこうやって頑張れば、どんどん巧くなっていく、どんどんいいことが起きるんだなということが。

ただがむしゃらに朝練習や真っ暗になるまで自主練習をやればいいってことじゃない。大事なのは常に未来を察知して、自分には何が足りなくて、何が必要なのか、危機を察知して準備すること。周囲の空気を読む、察知する力の重要性ということだ。

中3のあの体験があったからこそ、高校時代に成長の〝コツ〟をつかめた。未だにそれは活きている。

部活でサッカーをしたことは、とてもよかったと思っている。高校での厳しい環境のなかで、中3の経験を活かせた。高校時代は、とにかく毎日、できることを100%やった。妥協しない毎日を過ごせば、何かが得られる。それを知ることができたことも、高校でサッカーをやった成果だと思っている。だからこそ、壁がないとイヤなんだ。普通にただ単純にサッカーをやっているのは、落ち着かない。常に追われているくらいが、僕にとってはちょうどいい。

「考えること」で、足りないものを補った

U―19日本代表には、高校生は僕と数人しかいなくて、あとは全員Jリーガー、プロの選手だった。最初は戸惑ってばかりいた。プレーや判断のスピードも違うし、身体の大き

さも違う。でも、中3のときのような失敗はしたくなかった僕は、周囲を観察して、状況を察知して、先の先を見越して、壁を想定して準備をした。塾で予習していれば、学校の授業が楽になる……そんな感じだ。

もちろんプロの選手にそう簡単に追いつけるわけはない。足りないところはたくさんある。それを補うために必要なことは〝考えること〟だった。

サッカー界には「ボールは汗をかかない」という言葉がある。これはボールは幾ら動かしても疲れないんだから、人間が走るよりもボールを走らせろという意味なんだけど、「考えること」もこれに似ている。もちろん試合中に考えすぎて、頭が疲れるということはあるけれど、普段の生活でどんなに悩んで、考えても、それが無駄になることはない。

「考えること」は、今の僕にとっても重要な作業だ。

僕は身体的に恵まれたとは言えない。線も細いし、身長が高いわけでもない。それでもヨーロッパで身体能力を武器にした選手と戦えるのは、「考えているから」だと思う。頭を使ったプレーができなければ、今の僕はない。

足が遅い僕は、相手選手よりも先に動き出すことを心がけている。そのためには早い判断が必要となってくる。これは外国人選手に身体能力で劣る日本人が、世界の舞台でプレーするうえでは欠かせないことである。

身体の向きを少し変えるだけで、プレーは変わってくる。視野が広がり、次のプレーの選択肢も増える。僕の動きに相手が反応するから、プレー前の動きが違えば、相手の対応も変わってくる。ボールを当てる足の角度とか、視線の置き方とか、本当にちょっとしたことで、いろんなことが違う展開となる。だからこそ考えることはたくさんある。右にパスを出すふりをしながら、相手が右サイドの選手に食らいつくのを確認して、左に出すとか。僕がおとりになって走ることで、フリーの味方選手が生まれてくるとか……。残念ながらすべてを説明することはできない。

経験を積むことで、引き出しの数が増えて、今ではあまり考えなくても自然と選択できることも増えた。しかし昔は本当にいろいろ考えた。「試合前に風呂に入って、筋肉をやわらかくしたらどうなるか？」とか。ピッチ以外のこともいろいろ考え、試してみた。

細かいことを感じるか、感じないかで成長が違ってくる

周囲の選手を観察することも重要だ。U－19や初めてA代表に選ばれたときや、プロになったとき、先輩のことを見て、多くのことを学んだ。イメージとは違った意外な一面を

知ることもあった。普段の生活からその選手の性格を知ることも重要なことだ。

そういう観察は、新しいチームになるといつも行っている。これは性格かもしれない。4人兄弟の四男だった僕は、子どものころから兄たちを観察して、どうすれば怒られないか、と考えていた。慎重な性格というか、新しい環境に入ると、自分を出す前に、周囲を観察している。でもだからこそ、空気を読む力、察知力がついたのかもしれない。

チーム戦術があっても、選手それぞれにサッカー観がある。持っている技術をいつどのようにして使うか？　感覚やセンスも選手の個性となる。サッカーのプレーには、正解はないのかもしれない。だからこそ、僕は考える。

11人の選手、相手チームも入れれば22人の選手がプレーするサッカーにおいて、まったく同じ状況が再び起きることはまずない。そのときどきのシチュエーションに合わせて、自分のプレーを選択しなければいけない。答えがないからこそ、参考となる材料はたくさんある。だから、僕はたくさんの試合を見て、海外の一流選手のセンスを盗みたいと思うし、そういう材料を集めて、考える。何を選択するか、悩むことが楽しいと思える。

細かいことを感じるか、感じないか、考えるか、考えないかで、人の成長は違ってくる。何も考えずにサッカーをやっていても巧くはならない。そして、海外のサッカーをたくさん見たとしても巧くはならない。同じ映像を見ながら、なにを察知し、感じ、自分のものにするかということが大事だと思う。

どんな選手であっても、プロでやっている選手は誰もが自分の弱点を知っているはず。それを口にしない選手もいるけれど、自分のことを知らないと成長はできない。

足りないことを認知して、それを補うための工夫をすること。今与えられた環境のなかで、何をすべきかを察知できない選手は激しい競争のなかでは生き残れない。

中3のとき、ふてくされた僕になにも言わなかったコーチは、「自分で知ること」を僕に教えようとしてくれたんだと、今はわかる。

「平均的にいろんなことができる」は武器になる

ヨーロッパでプレーしている選手の多くは、これなら誰にも負けない、という武器を持っている。そして、彼らは欠点を補うことよりも、その長所を伸ばす教育を受けてきた。

日本は逆で、長所は長所として活かしつつも、欠点を補うことの大切さを教えられる。だから日本人はなんでもできるけれど、個性が乏しいと言われるのかもしれない。

でも、僕自身、ヨーロッパでプレーして、平均的にいろんなことができる力は武器にもなると考えた。あるブラジル人選手は、とても高い攻撃力はあるけれど、守備が甘い。でも僕はどっちもできるように頑張った。選手の能力をいろんな項目に分けて、レーダーチャートを作ったときに、円を描けるようにしたいと。そしてその円を大きくしていくべきだと思った。ブラジル選手の高い攻撃力に勝つことは難しくても、安定感のある円で勝負したほうが、ポジション争いに勝てるはず。円でいるというのは、引き出しの数が多いということでもある。

監督が代わり、サッカーが変わり、僕に対する要求やプレーするポジションが変わったとしても、引き出しが多ければ、そういう新しい状況に対処しやすいし、ポジションを得て、どんな監督のもとでも試合に出る可能性が高いんじゃないかと考えた。

これは日本代表に対しても同じことが言えるのではないか。

「日本が世界で勝つためのサッカー」

もし、今、日本人でセリエAの得点王がいたとしても、彼が日本代表の一員となったら、守備もしなくちゃいけない。イタリアでは守備をせずゴールだけを狙っていられたとしても。全員で守備をして、全員で攻めないと、日本は世界では勝てない。それくらい日本と世界との差はある。身体能力の差も大きいし、思考速度や判断のスピードにも差がある。

1対1では勝てない場面が絶対に出てくる。だからこそ連動性が必要となる。ボールを持っていない選手が動いて、味方をサポートし、相手を崩していく。そういうサッカーができないと日本は世界では戦えない。だからこそ、選手にはいろんな仕事ができる多様性、ポリバレント（ひとりの選手が複数のポジションや役割をこなすこと）な能力と機動力が求められる。

前日本代表監督だった（イビチャ・）オシムさんのサッカーは、僕が考えていた、〝日本が世界で勝つための〟サッカーと共通点が多かった。

オシムさんの選んだ選手たちは、空気が読める、察知力が高い選手だと感じた。サッカーを知っている選手だった。

オシムさんの練習に、攻撃4人対守備4人でゴール前での攻守メニューがあった。たとえば、誰かあとひとりがサイドに顔を出せば、攻撃のチャンスが作れるという場面が生まれたとする。するとオシムさんは、ゲームに参加していない選手がただ練習を見ていることを怒る。「私はゲームに参加するなとは言っていない」と。見ている選手がひとりゲームに顔を出せば、チャンスが作れるわけだから、なぜ参加しないのかということだった。

闇雲に参加しろというわけじゃない。ゲームの流れを見て、考えろと。何も考えずに参加してケンカに加勢しましたみたいな感じでは意味がない。流れを察知して、考えて、いいタイミングで動くことが必要だということ。そして、それは練習メニューに参加していなくても「集中力を切らせるな」というメッセージでもあった。

誰かがパスを出してから動くのではなくて、次の次くらいを想定して動くこと。そんなふうに頭を使うこと、空気、試合展開を読む危機察知力、そういうものを持った選手を、オシムさんは選んでいたのだと思う。

オシムさんは言われただけのプレーをすることを嫌っていた。

たとえば、サイドチェンジを意識させる攻撃練習中に、僕が突然、ドリブルで中央突破したり、スルーパスを出すとか、少し違ったことをしても、それがうまく行くとほめてくれた。もちろんそればっかりやっていると「簡単にプレーしなさい」と言われるだろうけれど。だから、チームのスタンダードとなる基本的なプレーをするという感覚と、いつも同じことをやっても意味がないよという感覚を、選手に求めていた。どんなプレーを選択するか、選手のセンスや感覚を見ている人だった。

でも、そういう発想や感覚、センスを磨かないと、身体能力で勝る海外の選手には対抗できない。考えてプレーするというのはそういうことなんだと思う。

だから、運動量が豊富で、考える力があって、察知力の高い選手が選ばれていた。

僕を、未来の日本サッカー界の進化のための実験台にしてほしい

将来、指導者になることで、自分の経験を、子どもたちに、日本サッカー界に還元したいと考えている。そういう意味で、僕は、未来の日本サッカー界の進化のための実験台みたいなものだと思うことがある。身体的に恵まれているとは言えない僕がヨーロッパのリーグでプレーし、チャンピオンズリーグを戦っている。そのためにどんなことに悩み、何を考え、日々を過ごしているのか？　それが貴重な研究資料になればいいな、と。

02年、僕はヨーロッパへ渡った。言葉の壁、文化の壁、歴史の壁……本当に日本とはまったく違う環境で生活を始めて6年が過ぎた。そういうなかで痛感したのは、察知力の重要性だった。言葉が通じなくても、察知力を磨けば、コミュニケーションはとれる。

ヨーロッパに来てから、社交性が生まれ、明るくなったと言われることが多い。

マリノス時代はサッカーのことしか考えられなかったから、チームメイトと食事に行くのも無駄な時間だと思っていた。余裕もなかったし、サッカー以外のことに興味を持つこ

ともなかった。

でも、ヨーロッパに来てみると、こっちの人たちが人と人とのつながりをとても大事にしていることを知った。町ですれ違って目が合えば、挨拶《あいさつ》をしあうのが当たり前だし、子どもと病院に行けば、「どこが悪いのか」と訊ね、「お大事にね」と言ってくれる。これは僕がサッカー選手だからというわけじゃない。

特に、最初に暮らしたレッジョ・カラブリアは、イタリアの片田舎だったせいか、人々は会話をすることで日々の生活に喜びを見出《みいだ》しているんじゃないかと思うほど、話し好きだった。こちらにズカズカと入り込んでくる。絡んでくるんだよね。

そんな環境のおかげで、「家族はスコットランドにいるの？」と聞かれたら、以前ならイエスかノーかしか返事しなかったけれど、今では「4歳の子どもがいるんだ。君は子どもがいるの？」といった具合に、話題を広げられるようにもなった。

取材でカメラマンに出会えば「どんな風にプロになったのか？」「普段はどんな写真を撮っているのか？」と知りたいと思うし、同じ年頃の子どもがいると知ったら、「不規則な生活のなかで、いつ子どもと食事しているの？」と訊いたり。当たり前のことかもしれないけれど、マリノス時代の僕を知っている人からすれば、驚くほどの変化だと思う。

他人に興味を持つことで、いろんな人の経験を知ることができ、自分にフィードバックできるものを発見することもある。どんな仕事をしている人であっても、その人の持つ「経験」は貴重な財産だから。

願いを叶えたいすべての人に必要なものが「察知力」だ

そういう意味で、僕が感じる察知力の重要性が、読者の皆さんにとって、なにかの役にたてばいいなと思ったことが、本書を作るきっかけとなった。

察知力というのは、人が成長するためには欠かせない力であり、目標を達成したい、願いを叶えたいと思うなら、磨くべき重要な力だと思う。それはサッカー選手だから、アスリートだからというのではなくて、あらゆる仕事をしている人に当てはまるはず。

思うようにいかないことにぶち当たったとき、原因を察知する力。

上司から自分が求められていることを察知する力。

目標へ到達するためにやるべきことを察知する力。

周囲の変化を「察知」して、臨機応変に対応できれば、状況や環境は変わっていく。

空気を読むというのは察知することであり、それは人を思いやり、他人の気持ちを感じる力でもあると思う。

ＣＭや雑誌の撮影や取材などでも、ディレクターやカメラマン、記者が何を自分に求めているのかを察知するようにしている。そうすれば制作作業も充実するし、出来上がったものも、いいものになる。

未だ中村俊輔は、発展途上であり、まだまだ途中経過でしかないけれど、ここまでこられたのは、僕に察知力があったからではないだろうか。そして、それを身につけられたのは中3のトラウマがあったから。これにつきる。

サッカーを始めてもう25年近くの時間が過ぎた。

サッカーは人生だという人も多い。サッカーが人を育てると。

サッカーしかしてこなかった僕の歩み、特にプロになってからの様々な体験が、察知力の重要性について、何か感じるきっかけとなればうれしい。

第二章　僕はこうして「察知力」を磨いてきた

第一節　サッカーノートが僕を作った

「書く」ことがいかに大切なことかを教えてくれたサッカーノート

桐光学園の2年生のとき、サッカー部のメンタルトレーナーの先生から勧められて、「サッカーノート」を書くようになり、それは10年以上経《た》った現在も続けている。

毎日がサッカーノート一色だった当時の僕にとっては、そのサッカーノートは日記といえるかもしれない。今は、毎日つけているわけではないけれど、高校のころは、ほとんど毎日、そのノートになにかしらを書き綴《つづ》っていた。

最初は試合について書くことから始まった。

試合前に、試合でのテーマ、何を意識してプレーすべきかを書く。

そして、試合が終わったあと、試合を振り返り、試合の感想から始まって、攻撃面でのよかったところ・悪かったところ、守備面でのプラス・マイナス、僕個人のことだけでなく、チーム全体のことなど、気がついたことはなんでも書いた。チームメイトはもちろん、気になった相手選手についても書いた。

明日からの練習で、やらなくちゃいけないこと、補わなくちゃいけないことについても。どんな練習をすれば、足りない点を伸ばせるのか？　など、いろいろ考えて書きまくった。

書くという作業をすることで、自分の気持ちや考えを整理できる。それを繰り返すうちに、自分のことを客観的に見つめることができるようにもなった。ノートを書くことで落ち着けるし、過去の自分の歩みが綴られているから、時間が経ってからそれを読むと、いろんなことを再発見できる。

サッカーノートには、本当にいろんなことが書かれている。テレビで見た海外リーグのことや、心に残った誰かの言葉も。プロになってからは、新聞や雑誌の切り抜きを貼ることもある。ほめられた記事よりも批判された記事のほうが多い。最初にそれを目にしたときの感情を忘れたくないから。喜びよりも悔しさ。時間を経て、その記事を見たときに、自分を奮い立たせることができる。

忘れたくないこと、忘れちゃいけないことがぎっしり詰まっているのがサッカーノートなのかもしれない。

「目標を設定してクリアする」ことを繰り返す

節目、節目には、短期、中期、長期という形での目標も、サッカーノートに書いた。短期は1年後、中期は3年後くらい、長期はそれより先。目標を書いておけば、自然と、それを意識した日々を送ろうと努力するものだから。

プロに入ったときの短期目標は「Jリーグに慣れる」ことだった。中期目標は「10番をつけてレギュラーに定着する」こと。そして、長期目標は「日本代表に入る」と記した。プロに加入して2年くらいは、下積みじゃないけれど、「サテライト（2軍）で準備期間を送るだろう」と思っていた。なのに、1年目で試合に出て、2年目に入る前、代表に選ばれた。このとき、正直ちょっと早いなと思っていた。

そんな状況だったので、プロになってからは壁も多く、本当に悩みながらの毎日だった。だから、当時のサッカーノートには、いろんなことがたくさん綴られている。現在、「そんな時間があったからこそ、今があるんだ」と思えるのは、ノートを見ながら、当時を振り返ることができるからだ。

大きな目標を掲げるだけだと、そこへたどりつくのは難しいと僕は思う。先を見つつも、足元をしっかりと見極めていかないと、空気の変化や現実を見失ってしまう。

それで僕は、日々を過ごすなかで、小さな課題を設定し、それをクリアし、クリアできたら次の課題を目指すようにしている。ハードルをひとつずつクリアする感じだ。

そのハードルをどんなものにし、どういう状態で立てるか、それを想定するために必要なのが、目標を設定することだと思う。

もちろん、予定通りにことは運ばない。

思わぬ怪我や壁が立ちはだかることもある。設定したハードルがちょっと違ったな、ということもある。そういうときは、臨機応変に対応していく。

ちょっと遠回りすることになっても、目標を忘れなければ、いつかそこへたどり着けると僕は信じている。

たくさんの実をつける太い樹は、成長するのに時間がかかる

何かを成し遂げるためには、それがどんなに小さなことであっても、順序というか、プロセスがあるものだと思う。「プロセス」を構築していく作業が重要であり、それを軽んじたまま目標を達成したとしても、それはドロの土台に家を建てるようなもの。ちょっとした衝撃で簡単に崩れてしまいかねない。

太い幹を持つ樹の根は、しっかりと土のなかに広がっているもの。そういう樹は成長するのに時間がかかったとしても、将来的にはたくさんの果実を育むだろうし、どんな障害にも打ち勝つ力が備わっている。

だから僕は、ヨーロッパでプレーしようと思ったとき、セリエAを選んだ。なぜならセリエAは、あらゆる外国人が苦しむリーグで、もっとも厳しいリーグと言われているからだ。しかも僕が選んだのは、大都市ではなく、片田舎の町にあるクラブ。もちろん下位チームだし、強くはないから、過酷な毎日が待っているかもしれない。けれど、そこで、頑張ることができれば、そこから先、どこへ行ってもやっていける力をつけられるはず。そう信じて、イタリアのレッジーナへ移籍した。

ヨーロッパのサッカーといっても、そのスタイルはひとつではない。それぞれの国が長い歴史のなかで培った独自のスタイルを持っている。同時にそれは観客の要求でもある。スペインでは、華麗なプレーやたくさんゴールが決まるサッカーが好まれる。たとえば、1点差なら、1―0よりも5―4のほうが素晴らしい。楽天的なスペイン人らしい攻撃サッカーと、芸術的なプレーが賞賛される。

そんなスペインと真逆なのがイタリアだった。

イタリア人も楽天的だけど、サッカーに関してだけはとても堅実的な考え方をする。1点差でもいいから確実に勝つことにこだわる。プレーに芸術性をあまり求めない。強くて確実なプレーが好まれる。1—0はイタリア人にとっては、理想的な勝ち方。だから、不利だと言われるアウェイでは、無理な戦い方はしない。守備をかためてロングボールを蹴るだけの無様な内容でも、勝ち点がとれればOK。サッカーの美しさやロマンよりも、いかにリスクを冒さずに勝つか、いかに負けないかにこだわるのがイタリア。だからこそ守備の文化がある国なのだ。

僕はといえば、身体の線も太いほうじゃないし、どちらかと言えばテクニシャンタイプ。守備が得意というわけではないし、ハードなプレーをする選手でもなかった。イタリアの監督にとっては、使いづらい選手のはずだ、ということはわかっていた。そういう環境であっても試合に出場するために、必要なことを身につけたいと思った。

ヨーロッパでプレーし、成長していきたいという目標を見失わなかったからこそ、イタリアでの日々を戦い抜くことができた。

イタリア時代は、サッカーのこと以外で悩むことも多かったから、サッカーノートには助けられた。

壁に当たったときこそ、過去のサッカーノートを開く

悩んだり、壁に当たったときは、サッカーノートを書く回数も自然と増える。そして、それを見直すときというのは、ちょっと〝詰まった〟場合が多い。

「あのころはそんなことを考えていたのか」

「俺はあのとき、こんな風に考えて、気持ちを切り替えたんだ」

過去の自分をサッカーノートは教えてくれる。

たとえば、いくら頑張っても評価されないときがある。そこそこいいプレーができたと思っていたのに、翌日「ガゼッタ」（イタリアのスポーツ新聞。試合での選手を10点満点で評価）を見ると5点とか……。気にしないと思っていても、そんな試合が何試合も続けば、やはりモチベーションは下がる。そういうときにどうやって、モチベーションを上げたのか、当時のノートには書いてある。

批判されたときや、チームのサッカーが思うようにいかないようなときには、「とにかく気にしないで、自分のサッカーに集中することが大事なんだ。イタリアではロングボールばかりで、自分の頭の上をボールが越えていくけれど、ここはこういうサッカーなんだと納得したうえで、じゃあ、自分は何をしなくちゃいけないのかということに集中するん

だ」ということが書いてある。

気持ちを切り替えてきた過去が、サッカーノートを見るとわかる。

モチベーションが下がりそうになったとき、イライラしたりする時間がもったいないから、ノートを見るようにしている。そうすると、読むだけで「ああ、そうだよな」という感覚が戻ってくる。文字を追っていると、当時のことが蘇《よみがえ》ってきて、気持ちを切り替えるきっかけというか、自分への勇気づけになることも多い。

「体験」を記しておくことで、人生の無駄な時間を節約できる

落ち込まない人間はいない。だからと言って、永遠に落ち込んでいることもない。自分自身で悩み、励ます言葉を見つけることもあれば、誰かの一言が助けになったり……など、前を向く、上を向くきっかけは必ずある。

誰もが経験していると思うけれど、ほんのちょっとしたことが、そういうきっかけになるときもある。そういう体験をノートに記しておけば、次につまずいたとき、昔の自分の言葉が励ましてくれる。

初心忘るべからず、という言葉があるけれど、最初にその場所に立ったときの思いや目

標、ワクワクしていた気持ちなどを思い出すことで、気持ちもリフレッシュできる。

「体験」というのは貴重なもので、その人にとっての宝物だと思う。まったく同じ感情で、同じ状況で、同じ〝経験値〟で、同じことに遭遇することは滅多にないはずだから。

そういうひとつひとつの〝宝物のような体験〟を、忘れてしまったらもったいない。だから、ノートがある。

まったく同じことはなくても、似たようなことが起きるのも人生だと思うし、そういうときに同じ過ちを繰り返すことで、時間を無駄にしたくない。

だからこそ、サッカーノートは欠かせない。


サッカーノートに助けられるのは、メンタルのことだけじゃない。

スルーパスを出すタイミングとか、技術的なことも多い。パスというのは、シチュエーションだけでなく、組むフォワードやチームメイトのタイプによって、選択していかなくてはいけない。そのイメージに〝詰まった〟とき、昔、こんな風に考えて、こんなパスを出したのかということをノートで見て、思い出すこともある。

また、ノートに書く作業は、パスを受ける選手とコミュニケーションをとるときにも役に立つ。

一度言葉にすることで、頭のなかで整理ができているから、伝えやすい。

ちなみに、07—08シーズンは、グラスゴーで買った小さなメモ帳を、サッカーノートとして使っている。

第二節 フリーキックを徹底追求して見えたもの

強豪との戦いを、どう切り抜けたか

サッカーの試合中、相手がファールを犯すとフリーキックが与えられる。グラウンドに置いたボールを誰にも邪魔されず蹴ることが許されるフリーキックには、直接ゴールを狙ってもいい「直接フリーキック」と、直接は狙えない「間接フリーキック」がある。他に、ペナルティエリア内でのファールについては、ペナルティキックが与えられる。フィールドプレイヤーが止めたボールを蹴るプレーには、コーナーキックもあるが、フリーキックやコーナーキックのように、地面に置かれたボールを蹴ることをプレースキックと呼ぶ。

相手の接触を受けずに蹴ることができるプレースキックは、相手チームとの力の差に影響されない得点チャンスだ。

06―07シーズンの欧州チャンピオンズリーグ・グループリーグで、僕らセルティックは、

マンチェスター・ユナイテッドと戦った。マンチェスター・ユナイテッドは、プレミアリーグだけでなく、何度も欧州チャンピオンに輝いた強豪クラブ。このチームと、ホームとアウエイの2試合を戦った。

チャンピオンズリーグは、欧州各国のリーグ・チャンピオンが戦う大会。国のレベルによって、出場枠が決められている。イタリア、イングランド、スペインをはじめとしたランキング上位の国は、2位や3位のクラブにも出場権がある。

セルティックが戦っているスコットランドリーグは、本来は予備予選を勝ち抜かないと、本大会へは出場できない。しかし、06―07シーズンは、予備予選を戦うことなく、本大会のグループリーグへ出場することとなった。

その初戦が、06年9月13日、マンチェスター・ユナイテッドのホームスタジアム、オールドトラフォードで行われた。

前半終了間際の43分。セルティックは、ゴールに向かって少し右よりの場所で、フリーキックを得た。ゴールまでの距離は25メートルくらい。僕がそれを直接ゴールへと蹴りこみ、2―2の同点に追いついた。

その日はグラウンドが濡れていた。ボールも滑りやすい状態だったから、こすりつけるようなキックだと、カーブがかからない。だから、ボールに足を当てるような感覚で蹴った。ペナルティエリア内に相手選手が6人並び、壁を作っていたけれど、キーパーが左足に重心をおいているのがわかった。逆の右スミを狙い、カーブがかかるように蹴り、イメージ通りのボールがゴールとなった。

そして、マンチェスター・ユナイテッドとの第2戦は11月21日に行われた。0―0で迎えた後半36分に得たフリーキックの場面。オールドトラフォードで決めたときと同じような場所だった。キーパーはゴール真ん中に立っていた。僕が前回同様、右スミを狙うだろうとニア（近い場所。この場合右）を警戒しているのかもしれないため、逆の左へ蹴ることを考えた。しかし、ファー（遠い場所）を狙うと、蹴ってからゴールまでの滞空時間が長くなってしまう。そうするとキーパーに有利だから、避けたいとも考えていた。

ボールを置き、顔を上げたら、キーパーが少し左（ファー）の方向に寄っていた。「やった」と、前回同様に右スミへ蹴り込み、ゴールが決まった。

フリーキックという駆け引きの場面では、観察し、情報を集め、察知する

僕の場合、フリーキックを蹴るコースというのは、ファールの笛が鳴り、ボールを置い

たときには、ある程度決めている。ただ、ゴールキーパーの動きや相手が作る壁の位置などを見て、最終的にどう蹴るかを決定する。

試合中に何回かフリーキックの場面が訪れるけれど、そのときどきでキーパーの様子を見て、キーパーの気持ちを察知し、コースを決める。フリーキックは、キーパーとキッカーの駆け引きの場面でもある。

僕は、蹴ったらすぐに顔を上げる。ボールの行方を追うこともあるけれど、キーパーを観察することも忘れない。

ある試合で、1本目のフリーキックを右に蹴り、外してしまった。そのとき、キーパーはボールがまだゴール近くに達していないのに、すでに右へ動いていた。このキーパーは早く動くタイプだということを察知し、同時に右を怖がっているんだろうと考えた。だから次のフリーキックでは左を狙おうと思い、2本目は左へ蹴り、ゴールを決めた。

観察し、情報を集め、そして、察知する。

蹴る場所が決まれば、あとは練習通りにそのコースへ蹴るだけ。

もちろん、外れることもある。単純なミスというときもあれば、読みが外れるというか、相手に読まれて……ということもある。外れたら気持ちを切り替える。

もう数え切れないほど、フリーキックを蹴ってきたから、精神的なプレッシャーを感じることはない。

僕にとってのサッカーは、趣味であり、特技なだけ

過去にフリーキックで決めたゴールのなかで、一番いいキックは00年6月11日、日本代表対スロバキア戦で決めたゴールだ。中央からやや右。ゴールからは25メートルくらいの位置だった。相手の壁は6人。しかもバルガという193センチのディフェンダーをはじめ、長身の選手が並んでいた。壁が高く、難度の高いシチュエーションだった。

キーパーが中央にいたので、ニアである右を狙った。うまくカーブをかけること、そして長身の選手に防がれないようスピードが落ちないボールを蹴ろうと考えた。

バルガがジャンプすれば、2メートルは軽く超える。そのことも意識していた。結局、ジャンプした彼の髪の毛をかすめて、ボールはゴールネットを揺らした。成功だ。距離もあったのにスピードが落ちなかったことがよかった。

バルガとはその後セルティックで一緒にプレーした。「あのときは俺の髪に当たったから、入ったんだ」とバルガ。「そんなの関係ないよ」って、言っておいた（笑）。

フリーキックは僕の武器のひとつであることは事実だけど、僕にとってのフリーキックは、努力の賜物とか、才能というふうには考えていない。

フリーキックは、僕の趣味であり、特技という感じ。サッカーも同様だ。

たとえば、ラーメンが好きな人は、美味《おい》しいラーメンを求めて、いろいろと情報を集めたり、遠くまで足を運んだりするはず。趣味というのはそういうもの。僕は、ラーメンに興味はないけれど、サッカーに関しては貪欲だし、美味しいラーメンを探すように、情報収集をして、ヨーロッパまで足を延ばした。もっと美味しいものがないかと、チャンピオンズリーグを目指した。

僕にとってサッカーは特別なことではない。文字通りの趣味であり、そして特技なのだ。

反復練習と考えること。それが僕のフリーキックを進化させた

フリーキックの練習は、ひとりでもできる一番簡単な練習だ。ゴールに向かってボールを蹴る。単純だけど、球種やコースを工夫したりして、費やす時間が僕にとっては楽しい。

サッカーを始めた小学生のころ、クラブでの練習がない日でも、ボールを蹴りたくてしようがなかった。練習相手もいないとなると、壁に向かってボールを蹴るしかない。

ただボールを壁に当てていても面白くないから、壁にチョークで丸を書き、そこに当てようと蹴る。それは、フリーキックの練習みたいなものだった。僕にとっては、遊びでしかないんだけれど。

日産FCのジュニアユース時代、ときどき、トップチームが僕らのグラウンドへ練習に来た。そのとき木村和司さんのプレーを見たんだ。和司さんは日本サッカー界で初めてプロ契約をしたミッドフィルダー。もちろん日本代表でもマリノスでも10番をつけていた。大きな身体ではないけれど、フリーキックの名手でもあった。

何気ない感じで和司さんが蹴ったボールがグワンとカーブを描いて、ゴールへ吸い込まれる。それを初めて見たときは、「ボールって、こんなに曲がるんだ」と驚いた。その次は、どんな風に蹴っているんだろうと、目をこらして観察した。

「教えてください」と、言える立場じゃない。そこからは自分で研究するしかない。今思えば筋力も違うから、中学生が和司さんみたいに蹴ることはできない。しかし当時はそんなことも知らず、何度も何度も繰り返し蹴り、考え続けていた。

高校に入ると、筋肉もつくし、曲げられるようにはなったけれど、すると次は、こんなボールを蹴りたいと、新しいテーマが生まれる。そうするとまた研究して、練習をする。

そういう反復練習を続けながら、僕のフリーキックは進化してきた。

シチュエーションは、いつも同じではない

Jリーグでプレーしていたときと、今とでは、フリーキックを蹴るときのフォームも違ったものになっている。

僕の身体の筋肉も変わるし、ボールやスパイクも変わる。

日本とヨーロッパとでは、ピッチもキーパーも違う。キーパーだってどんどん巧くなっているし、イタリアに来たら、壁に並ぶ選手の体格も日本とは違った。

変化を体感し、それに応じて、進化させていかなくちゃいけない。

イタリア時代は、驚くことが本当に多かった。

まず、グラウンドが最悪だった。芝が生えていないんじゃないかと思うようなピッチもあるし、たいていが水分を含んで柔らかく、ボールを置くのも大変だった。蹴るとき踏み込んだ足がベチャッとなるから、軸足をずらさないためには力も使う。

あまりにグラウンドが柔らかく、ゴールマウスが沈んでいるスタジアムもあった。沈んでいるから、ゴールエリアも狭くなる。そこに大きなキーパーが立つため、狙えるコース

は当然少ない。

しかも、そういうグラウンドで使っていたボールは、水分を含んで重くなっているから、蹴りにくくなるし、工夫が必要だ。

壁を作った選手がズルズルと前に出てくるのにも驚いた。

本来、相手選手はキッカーから10ヤード（約9・15メートル）の距離をとらなくちゃいけないため、前に出れば、レフリーが注意するはずだが、お構いなしという感じだった。僕は、壁に当てないよう、壁が動く前に蹴ろうと考えた。レフリーに抗議して、どうにかなる状況じゃないから。

自分が立っている環境がどういうところなのかを知り、解決策を準備する。

ひたすら練習して、何度も何度も繰り返し、これだったら獲られないだろうというところまで、フリーキックを追求する。でも、実際は「これで大丈夫」ということはない。

シチュエーションはいつも同じというわけじゃない。キーパーも違えば、壁の位置、距離、ボールを蹴る場所なども、違ってくる。キーパーとの駆け引き、味方選手との関係……さまざまな状況を考え、それにあわせて選べるよう、どんどん球種を増やしていきたいと、僕は思っている。どんなときでも困らないように。

そういう風に考えると、フリーキックの進化に限界はないのかもしれない。

これはフリーキックだけじゃなくて、すべてのプレーに言えることだけれど。

自主練習の活かし方

チーム全体での練習が終わったあとの自主練習という時間が、僕は好きだ。

自分のペースで、プレーを確認できるし、足りないところを補う時間でもあるから。

監督によっては、自主練習の時間を認めない人もいるけれど、僕にとっては貴重な時間で、フリーキックのトレーニングもこういう時間に行うことが多い。

何本蹴るとか、何分やるかは、そのときどきによって違う。

長くやればいいときもあるけれど、なかなか決まらないからと、蹴り続けても、悪循環に陥って、いいイメージが持てなくなることもある。

新しい球種を開発しているときは、しっかりと蹴りたい。無人のゴールに蹴りこみながら、足の角度やボールを当てる場所、身体の角度や使い方を変えたりする。

キーパーを立てて蹴る練習をする場合は、いろいろとキーパーへリクエストする。「ニアに蹴るから、早めにニアへ動いてくれ」とお願いするときは、キーパーに蹴るコースを読まれた状況での練習だ。それでキーパーに止められると、もっとスピードのあるボールを蹴るとか、早く落ちるように蹴らなくちゃいけないなと考える。

そんな風に試合を想定してトレーニングすることも多い。

ボールやピッチの感覚だけを確かめたくて、わずか数本蹴るだけで終わるときもある。

自主練習は、子どものころに壁に書いた丸に、ボールが当たるまで蹴り続けていた遊びと、通じるところはたくさんある。

フリーキックに限らず、どんなプレーでも、ただ漠然とトレーニングするだけじゃなく、試合の状況をイメージし、様々なシチュエーション、相手のこと、そして自分のコンディションなどを考え、今、必要なことを選択し、練習する。

そういう頭を使った準備をしていないと、僕みたいに身体能力がそう高くない選手は、やっていけない。それに何事にもテーマや課題があったほうが、楽しい。

ちなみに、一番フリーキックが蹴りやすいのは、日本のスタジアム。芝はキレイだし、堅いから。だからと言って、日本に戻れば、ばんばんフリーキックでゴールを決められるのかっていうのは、また別の話だ（笑）。

第三節　自分の〝引き出し〟の数が、未来の可能性になる

時代とともに、ポジションも求められる役割も、変化するのが大前提

サッカーには、もちろんポジションがある。ゴールを守るゴールキーパー。主に守備の仕事を担うディフェンダー。そして、相手ゴール近くに立ち、ゴールを決めることを求められるフォワード。ディフェンダーとフォワードの間には、ミッドフィルダーと呼ばれる中盤の選手たちがいる。

ミッドフィルダーも、守備的な選手と攻撃的な選手に分けられる。守備的ミッドフィルダーをボランチと呼ぶことがある。ボランチはハンドルの意味を持つポルトガル語。ブラジルで生まれた言葉なので、ヨーロッパではあまりボランチという言葉は使わない。

ヨーロッパでは、中盤の選手をセンターハーフと呼び、ゲームを作る選手をレジスタ（演出家の意味を持つイタリア語）と呼んだりもするが、ポジションというよりも選手の

タイプでの区別となる。もし分けるとすれば、守備的か攻撃的ミッドフィルダーと呼ぶ。チームのシステムやフォーメーションによって、それぞれのポジションに選ばれる選手の数は違ってくる。もちろんゴールキーパーはひとりだけど。

3―5―2というのは3人のディフェンダー、5人の中盤、ふたりのフォワードの形。4―1―3―2というのは、4人のディフェンダー、ひとりの守備的ミッドフィルダー、攻撃的ミッドフィルダー3人に、フォワードがふたり。つまりこれは、4―4―2と言うこともできる。

サッカーを始めたころから、僕は攻撃的ミッドフィルダーとして、プレーしてきた。その多くが、トップ下など、真ん中のポジション。フォワードの真下、中央にポジションを置いて、主に攻撃の起点となる場所だ。昔から10番を背負い、司令塔といわれるチームの中心選手が務めることの多いポジションだ。

サッカーは長い歴史のなかで、様々な戦術が考案され、それに伴い、フォーメーションやシステムも変化した。そして、それぞれのポジションの役割や求められるプレーも変わってきた。最近では、かつてジーコ監督やマラドーナが務めていたような〝トップ下〟というポジションのないチームもある。

そして、フォワードも、攻撃だけをしていればいいわけではなくて、前線からの守備が仕事になることも多い。逆に守備的ミッドフィルダーも、守備だけでなく、攻撃を作る仕事やシュート力を求められたりもする。

サッカーは今、とても速いスピードで変化している。それはつまり、選手たちにも変化が求められるし、それに順応できないと生き残れないということ。

実際、僕自身、中3のときにそれを経験した。変化を察知できず、試合に出られなくなり、取り残された。

試合に出続けるためには、監督が描くサッカーを理解し、それに対応しなければならない。だからこそ、僕は多くの〝引き出し〟を持つための、準備をしなくちゃいけない。

〝引き出し〟をどれだけ用意できるか

僕はよく、〝引き出し〟という言葉を使う。積み重ねてきた経験から生まれる〝対応力〟という意味合いに近いかもしれない。

ある場面に出くわしたとき、どういうやり方で対処できるのかと考える。過去の体験を活かし、解決策を模索する。そのとき、〝引き出し〟を開ける。

たとえば、フリーキックの場面。もう25年近くプレーし、何発も何発も蹴っているから、どうすればいいのかをすばやく選べるようになった。

06年11月のマンチェスター・ユナイテッド戦のフリーキックの場面にしても、「入った！」というより「練習通りにできた」という感覚だった。あの試合では、あの場面くらいしかフリーキックの場面がなかった。多少距離はあったけれど、距離なんて関係なく、自分の出番が来たという気持ちだけだった。

たくさんの引き出しがあると、自分を信じることができるから、相手が誰でどんな場面だろうと、妙なプレッシャーを感じることはない。

他のプレーも同様で、開ける引き出しさえ間違えなければ、対処できるシーンが増えた。どんなことであれ、体験を重ねさえすれば、引き出しは増やせるはず。

しかし、体験しただけじゃ引き出しは増えない。その体験を未来にどう活かすか、足りないことを補い、できたことをもっと磨く。そういう意識がなければ引き出しは生まれない。体験は引き出しを増やすきっかけでしかない。

そして、未来に訪れるだろう次のシーンを察知して準備することで、引き出しを作ることもできる。そのための情報収集は欠かさない。

高校時代から、自分の目で、プロの世界を見に行った

高3（96年）のころから、U―19代表で、Jリーグの選手と一緒に練習する機会が増えた。僕自身もあと1年もすればプロのステージに立つことを目標としていた。しかし、彼らの高いレベルを知れば知るほど、「代表合宿後、高校へ戻り、同世代や年下の選手と練習しているだけではヤバイ」と感じ始めるようになった。

そこで、考えたのが、Jリーグの練習に参加することだった。

当時から、代表へ行くと各クラブのスカウトの人が声をかけてくれたから、「一度練習させてもらえませんか？」とお願いした。僕のなかでは、高校を卒業したら、マリノスへ行こうという気持ちが強かったけれど、他にいいところがあればという考えもあった。

とはいっても、練習参加の目的は、就職活動というよりもトレーニングの一環だった。同時にいろんな情報を収集したいという思いもあった。

ジュビロ磐田では、サテライト（2軍）で練習させてもらった。当時のジュビロは、まだ優勝争いをするクラブではなかったが、サテライトには奥大介さんや福西崇史さんなど、力のある若い中盤の選手がたくさんいた。帰りの新幹線のなかで、選手名鑑を見て、奥さ

んは僕のふたつ上であることも知った。トップチームには藤田俊哉さんや名波浩さんもいた。きっと近い将来すごく強いチームになるだろうなと感じたけれど、同時に、僕自身が試合に出るのは相当難しいだろうなとも感じた。97年Jリーグで優勝したジュビロは、その後数年間、黄金時代を築くことになる。

ヴェルディ川崎（現・東京ヴェルディ）では、いきなり社長室に呼ばれたけれど、社長とお会いしたら獲得の誘いを断れなくなるんじゃないかと思い、社長室行きは辞退した。監督が、トップチームの紅白戦に出てみないかとも言ってくれた。当時はまだラモス（瑠偉）さんもバリバリやっていたから面白そうだと思った。でも、サッカーが変わろうとしていたのか、チームの空気がギクシャクしているなと感じてもいた。ここで高校生が出ちゃマズイだろうと察知して、足が痛いからと紅白戦も辞退した。ちなみに、3シーズン連続で優勝争いをしていたヴェルディだったが、96年は7位という結果だった。

練習を見ているだけでも楽しかった。

全体練習が始まる前の準備の仕方や、練習中の何気ないしぐさや言葉のやりとり。全体練習後、誰がどんな自主練習をしているのかなど、プロの選手を間近に見られたことは、とてもプラスになった。目で見たこと、観察したことで、プロ入りを前にいくつかの〝引き出し〟が作れた。

プロ1年目は、トップチームの先輩選手を徹底的に観察した

97年、僕は横浜マリノスとプロ契約を結んだ。

左利きの選手が少なかったことも、マリノス加入への動機のひとつではあった。あと、ジュニアユース時代の同級生もトップに上がってくるから、彼らともう一度一緒にプレーすることで、自分のレベルもわかるだろうと思っていた。知った仲間と一緒に2年くらいサテライトで準備をして、トップへ上がろうと考えていた。

でも、加入直後から、僕はトップチームでプレーすることとなった。

当時のJリーグは所属選手数も多く、トップとサテライトが別々に練習するクラブもあり、加入1年目の選手がいきなりトップチームでプレーすることは珍しかった。

しかも3月のナビスコカップから試合出場させてもらった。内心「ヤバイ、ヤバイ」という気持ちしかなかった。まだこんなレベルなのに、試合に出て、他の人へ迷惑をかけたくない。早く追いつかなくちゃいけない……と、必死だった。

とにかく、サッカーが巧くなるためなら、なんでもやってやろうと思っていたし、24時

間、そのことしか考えていなかった。すべてがサッカーのために、という思いだ。

でも、やればやるほど次々と課題が出てくるし、大きさや種類は様々だったけれど、壁がたくさん生まれた。

「考える」というのを通り越して、「悩んでいる」と周りから見えるほど、サッカーに没頭していた。でも悩む作業が自分を伸ばすことを知っていたから、不安はなかった。

結果、いくつも〝引き出し〟を増やすことができた。

それは技術的なことだけじゃない。キャプテンの存在だとか、プロとしての姿勢、サッカーを追求する人たちの日常。そして、社会人としてのあり方に触れられた。

当時のマリノスには、井原正巳さんや川口能活さんなど、日本代表クラスの選手がたくさんいて、そういう先輩の存在は衝撃的だった。練習前にジムでフィジカルトレーニングをしていたり、練習後の身体のケアの様子など、グラウンド以外で彼らが努力している姿を見て、「こういう時間があるから、この人たちは日本のトップにいるんだ」と知った。

自分より高いレベルのなかで感じるプレッシャーが重要

98年1月に、2月からオーストラリアで行われるA代表合宿メンバーに選ばれた。正直、自分が選ばれていいのかと、喜びよりも不安のほうが大きかった。でも、プロ2年目が始まる前に、日本代表がどんなものかを知ることができれば、代表を意識した準備ができるし、2年目へ向け、たくさんの課題やテーマを合宿で見つけられるだろうと思った。そう考えたら、こんなにいいチャンスはない。そんな感じだったから、代表に残って、ワールドカップ・フランス大会に出たいとか、そんなことはまったく考えていなかった。

メンバー発表直後から、自主トレを開始する予定だったので、「8割から9割のコンディションで集まって欲しい」という岡田武史監督の言葉どおりに準備をした。「それだけじゃあ、追いつかないだろう」と思っていたので、監督の言葉以上を目指し、最終的に身体は100％できあがっていた。

でも、合宿に行ってみると、他の選手はみんな5割くらいのコンディションだったため、まずは、砂浜を走ったり、ハードなトレーニングから合宿が始まった。今までやったことのない、慣れない練習だったけど、「とにかく周りの選手に遅れちゃいけない、迷惑をかけられない」と、全力で取り組んだ。

自主トレでかなり身体を追い込んでいた僕は、疲労が蓄積した結果、合宿5日目くらいで肉離れを起こしてしまい、その後は別メニュー調整となった。

そのことは後悔していない。なぜなら、周囲の選手が70％くらいの力だったとしても、僕は１００％の力を出さないと追いつかない。一緒にプレーしたのはわずか5日間だったが、このとき代表選手のレベルの高さを痛感した。

１対１の練習では誰にも負けなかった。もちろん僕は他の選手よりコンディションもよく、身体が動くから。それでも、「これはいけるぞ」と手ごたえを感じた。しかし、ボール廻しや、走りながらボールを使った練習をすると、他の選手との差は歴然と表れた。動きの質や判断のスピードに大きな違いがあった。

監督からは「今の代表選手にはないものを持っているから呼んだ。自信を持ってやってほしい」と言われた。

だけど毎日がドキドキだった。緊張しまくっていた。失敗しちゃいけないというプレッシャーがあった。ひたすらついていくだけで、いっぱいいっぱいだったから、「このチームに割って入ろう」とは思えなかった。

でも、それはつまり、自分よりも高いレベルのなかでプレーしているということだ。こういう気持ちを経験しないと、絶対に巧くはならない。だから、プレッシャーをイヤだとは感じなかった。

観察のための貴重なチャンス

当時のことは、〝サッカーノート〟にたくさん書いてある。

カズさん（三浦知良）、北澤（豪）さん、名波さん、モリシさん（森島寛晃）、ヒデさん（中田英寿）など、学ぶべき選手は本当にたくさんいた。他の選手のいいところをノートに書いて、吸収しようとつとめた。

肉離れをしたあとも、ただリハビリをしていたわけじゃなくて、ずっと周囲の選手を観察していた。

そして、「代表でプレーするためには、こんなことをやらなくちゃいけない」「これができないと上にはいけない」という基準みたいなものを知ることができ、そこへ行くための道が見えてきた。

代表に入るために必要な、具体的テーマや課題をその合宿で察知できたから、引き出しを作るベースができた。だからこそ、数年後にA代表へ参加するまでのいい準備期間を過ごせたと思う。

その合宿は、6月のワールドカップ・フランス大会へ向けた合宿だったから、選手たちもサバイバルという気持ちが強かったのか、誰も、僕に声なんてかけてくれなかった。当然のことだと思う。プロになってまだ1年目のヤツにかまっている場合じゃない。

そういう空気を感じていたから、ホテルのエレベーターに乗るのさえも緊張していた。知らない選手と一緒になったらどうしよう……って。

でもカズさんは違った。唯一話しかけてくれた先輩だ。「緊張せずに自分の力を出せば、全然大丈夫だから」というようなことを言ってくれた。感動した。なんだかこの人はちょっと他の人とは違うぞと思った。そのことも〝サッカーノート〟に書いてある。

トルシエ監督の采配のもとで

98年10月、日本代表はフランス人のフィリップ・トルシエ氏を監督に招聘し、2002年、日本と韓国で開催されるワールドカップへ向けてスタートした。自国開催ということで、ワールドカップアジア予選を免除されていたから、トルシエ監督には4年間の準備期間が与えられていた。

トルシエ監督はA代表だけでなく、00年のシドニー五輪代表（23歳以下と3人の年齢制限外選手で構成）の指揮を執ることも決まっていた。その後、ユース代表も指導している。

フラットスリーという彼独自のスタイルを浸透させるために若い代表の指導に力を入れていたようだ。

トルシエ監督の基本のフォーメーションは3―5―2で、中盤はふたりのボランチと3人の攻撃的ミッドフィルダーという形。A代表でも五輪代表でも、準優勝した99年春のワールドユース（現・U―20ワールドカップ）でもそれを貫いた。

98年アジア大会には、五輪代表世代（当時21歳以下）で出場し、僕も参加している。僕は体調を崩し、3試合にしか出場していない。トップ下や左アウトサイドのポジションでプレーした。左は初めての経験だった。

大会が終わり、トルシエ監督と話した。

「いい大会だったか？」と聞かれたから、「自分としては納得ができなかった」と答えると、トルシエ監督は「僕は納得している。お前にはどこのポジションでもプレーできる力があるとわかったし、若いうちはいろんなポジションをやったほうがいい。ヒデがチームに合流すればトップ下はヒデが務めるから、お前は左アウトサイドだろう」というようなことを話した。

どうして僕が左アウトサイドをやらなくちゃいけないんだろう。そのポジションを本職とし、Ｊリーグでもそこでプレーしている選手がいるのに……。

当時すでにイタリアでプレーしていたヒデさんの評価が高いことは理解していた。でも、僕としてはトップ下で勝負したかった。勝負してダメならダメで悩みたい。

20歳の僕は純粋にそう思っていた。

「どんなポジションであっても、11人に選ばれて、グラウンドに立つべきだ」

99年6月から始まったシドニー五輪アジア1次予選では、8試合中7試合に出場し、トップ下でプレーした。格下相手とはいえ、すべて大量得点で勝利を重ねた。新しいサッカーのなかで、少しずつ手ごたえもつかめていた。しかし、最終予選を前にした9月の韓国戦、ヒデさんがチームに合流すると、僕のポジションは左アウトサイドへ変わった。

そして、ヒデさんがいないときはトップ下で、彼が合流すると左アウトサイドでプレーした。

00年、五輪代表選手の多くがA代表に参加してからも、シドニー五輪でも、02年ワールドカップ・メンバー選考の最後の試合まで、それは続いた。

左サイドは自分の本職じゃないという気持ちがあったから、A代表になっても楽しくはなかった。自分の持てるすべての力を発揮できる場所は左じゃないと思っていた。

すでにそのころ、F・マリノスではトップ下でレギュラー・ポジションを手にしていた。99年にはJリーグのベストイレブンにも選んでもらえた。でも、代表では左サイド。これでは、日頃経験して伸びた部分を、国際試合で確かめて、また新しい課題を見つけて……という作業ができない。逆に、左サイドで感じたことを、日常であるJリーグで強化することも100%できるわけじゃないと、そんな風に考えていた。

「トルシエ監督に『僕は左サイドはやりたくない、トップ下で勝負したい』と直訴しよう。それで代表から外されても納得ができるし、しょうがない」

そう決意した僕は、当時、F・マリノスの監督だった（オズワルド・）アルディレス監督に相談した。

「ベンチで試合を見ていても得るものは何もない。どんなポジションであっても、先発の11人に選ばれて、グラウンドに立つべきだ」

アルディレス監督の答えはシンプルなものだった。

アルディレス監督は78年のワールドカップ・アルゼンチン大会優勝メンバーで、大会最優秀ミッドフィルダーにも選ばれた名選手。イングランドやフランスでもプレーしている。

指導者としてもF・マリノスの監督に就任した00年、チームをファーストステージ優勝へと導いてくれた。僕にとっては、尊敬できる指導者のひとりだし、僕のことを理解してくれる人でもあった。

だから、アルディレス監督の言葉を信じてみようと思った。左サイドでいろんなことを察知して、自分の引き出しを増やそうと、僕は気持ちを切り替えた。

お互いのイメージを察知し合える関係

00年秋のアジアカップでは、ヒデさんはいなかったけれど、名波さんがトップ下を務めて、僕は左サイドでプレーした。名波さんは僕と同じレフティーだから、ボールを持ったときに左、僕を見てくれる。右利きの選手はどうしても右を向いて、そこからどっちに出すか考える。でも名波さんは違った。

名波さんへボールが渡った瞬間に、僕はこっちを見てくれることを察知して、動き出す。名波さんは、動き出した僕を見たときに、僕と相手を見て、僕がどこでボールを欲しがっているのかを察知してくれる。

ボールを受ける僕は、足がそんなに速いわけじゃない。縦へ突破するフリをしているけれど、ボールを足元で受けて、もう1回名波さんにパスを返そうと考えているときもある。そういう僕の動きを感じて、名波さんはパスを出したり、動いたりしてくれた。

名波さんと僕はサッカー観が似ているという人もいるけれど、ある程度のレベルに達した選手は、ちょっとしたことで、イメージを察知し合える関係が築ける。引き出しの多い選手は、それだけ順応性や対応力も高い。

日本はアジアカップで優勝し、00年、僕はJリーグでMVPを受賞した。

アルディレス監督の言葉を信じて、左サイドでも何かを得られる、何かをやってやろうとプレーした結果、僕の引き出しの数は確実に増えた。

できないと投げ出さず、逃げなかったからこそ、01年フランス代表との試合のピッチに立つことができた。試合後、ヨーロッパへ行かなくちゃいけないと自分に課した。

5—0でフランスに敗れて、このままでは置いていかれると大きな危機感を抱いた。こういう思いをするためにも「グラウンドに立っているべきだ」とアルディレス監督は言ってくれたのだろう。改めてその言葉に感謝した。

彼の言葉は、僕を変えた一言となった。

ヨーロッパでの経験は〝引き出し〟の必要性をさらに実感させた

イタリアでは、トップ下だけじゃなくて、ボランチやフォワードも務めた。「どうして僕が」と思う前に、「監督はなにを求めて、僕をそのポジションに起用したのか」を考える。すなわち、求められていることを察知し、どの引き出しを開けば要求に応えられるかを考えるのだ。

もちろん、そう簡単に上手くいくわけじゃない。しかし、試合に出なくちゃ意味がない。試合に出るために苦しんだぶん、いろんな引き出しを増やすこともできた。

イタリア時代は、毎年監督が代わり、サッカーも変わった。そういうなかで壁にぶつかりながらも、クラブに必要な選手であり続けられたのは、今思えば、トルシエ監督のもとで左サイドを経験した結果かもしれない。どんなポジションでもプレーしなければならない、という意識を持つことを、あのとき学んだ。

セルティックに来てからは、右アウトサイドでプレーしている。セルティックは4―4―2のシステムで、中盤は4人がほぼ横一直線に並ぶような形だから、いわゆるトップ下というポジションはない。

日本では、ボールを持った相手に対して、数的優位を作ることが求められる。攻撃時も、誰かがポジションを離れれば、誰かが空いたスペースをカバーする、ということが当たり前のように行われている。

でも、ヨーロッパでは、守備の基本は1対1。ひとりで、ボールを持った相手に対応しなければならない。ピッチに立つ10人の守備エリアが決められているチームが多い。もちろん試合の流れによって、バランスをとるためにカバーしたりということもあるが。

セルティックでは、攻撃のときも、エリアへの意識が強く求められるため、僕のプレーエリアは自然と右サイドに限定される。

中央でプレーする選手は360度のプレーエリアがあるけれど、サイドの選手は極端にいうと180度に半減する。片側にタッチラインが引かれているためだ。

08年3月、セルティックに来て、3シーズンが終わろうとしている。チャンピオンズリーグで他国のチームと戦っても、開ける引き出しさえ間違わなければ、対処できる自信も生まれた。

様々な経験を積み、引き出しの数も増えたけれど、開けていない引き出しがあるという感覚を持つこともある。

開けていない引き出しが、ちゃんと開くのか、さびついていないかを確かめたい、という気持ちも強くなった。もちろん選手の入れ替わりが激しいヨーロッパでは、レギュラー争いは熾烈で、それは、セルティックでの僕も同じだ。しかし、右サイドを争うのであれば、開ける引き出しは限られてくる。

これから訪れる30代の選手生活を生きぬくためには、もっともっと引き出しを増やさなくちゃいけない。そして、すべての引き出しが使えるのかを確かめるため、新しいチャレンジをしたいと、思い始めている。

持てる引き出しの数に限界はない。引き出しの種類にも限りはない。

僕は、とにかくたくさんの引き出し、多種多様な引き出しを作り、身につけたい。ひとつのことができれば、次のことへとステップを進めたい性格だから。できたら、次、できたら、次……と、挑戦し続けて、ステップアップしていきたい。

ひとつのことで世界の頂点まで行くという選択肢もあるとは思うけれど、違うシチュエーションやパターンが訪れたときに、ポキッと折れるのはイヤだから。

いろんなことを体験して、引き出しを増やし、幹を太くしたい。

ある監督の求めるサッカーでは、ポジションがあり、得意なプレーで活躍できても、新しいクラブ、新しい監督、新しいチームメイト、新しいサッカーのなかでは、何もできない……というのは、イヤだから。そして、どんな対戦相手とであっても、〝戦える〟という気持ちでピッチに立ちたいから。

第四節　僕を育てた「壁」

オシム監督下で初の試合。難局こそ、課題を見つけるチャンスだ

07年3月24日、ワールドカップ・ドイツ大会以来、約9カ月ぶりに日本代表の一員として、ペルー戦に先発した。

オシムさんが監督になって、初めての代表招集だった。オシム監督は移動時間やコンディションなどを考慮して、ヨーロッパでプレーしている選手を、それ以前は代表に呼んでいない。欧州でプレーしていた僕とタカ（高原直泰）が初めて代表に参加したということで、マスコミは僕たちに注目していたし、きっと誰もが、レベルの高いプレーを僕らに望んでいたと思う。

「走るサッカー」を標榜していた代表監督の新しいサッカーのなかで、中村俊輔という選手がどんなプレーをするのかということにも注目が集まっていた。僕にはあまり〝走る選

手〟というイメージがないからだと思う（ちなみに僕は、セルティックでは試合中の走行距離がもっとも多い選手でもある。僕にとって、そんな記録はどうでもいいけれど）。

代表に合流してから、2日間しか練習ができないまま本番を迎えたということも、僕にとってはどうでもいいことだった。そんなこと、言い訳にもならない。

試合に向けて考えていたことはいろいろある。とにかくやるべきことがたくさんあると思っていた。監督の考えているサッカーを表現し、自分の力も出したいし、結果も残したい。ヨーロッパにいたら、代表でプレーする機会が、そう何度もあるわけじゃないから。

代表には、一緒に戦ったことのない選手も多かった。試合をするなかで、どういう選手なのかを察知し、チームにとってプラスになることをやろうと意識していた。周囲に気を配ってプレーすることが大事だと。

結果的には、僕のフリーキックから2ゴールが生まれて、試合には勝利した。しかし、気を配ろうという意識が強すぎて、自分のプレーをあまり出せなかったかもしれない。

やることがたくさんあり、難しい試合だったし、自分の置かれた状況も難しいものだった。でもそういうとき、いかに自分の力を証明するかが、問われる。そこで、逃げ腰になったり、プレッシャーに押しつぶされて、その作業を怠ったら、おしまいだ。

チャレンジすることで、自分に力がつくし、経験を積むことができる。

難しい状況に立ち向かい失敗し、「中村、ヤバイんじゃないか？」という状況になったとしても、そういうときは課題が出たということだから、「課題が見つかったぞ、よかったな」と僕は感じる。その課題を拾って、また考えて、練習すればいいと。

そうすれば、失敗も糧となる。

プラスに持っていく努力をすれば、何かがつかめる

壁から逃げなければ、得るものが大きい。

この気持ちを最初に知ったのは、小5のときだった。横浜市選抜チームのセレクションへ参加しなさいとコーチに言われたが、選抜とかセレクションと聞いただけで、その緊張感がとてもイヤだった。行きたくはなかったけれど、行くしかなかった。

いざ行ってみると、自分よりもレベルの高い選手と出会うことができた。そして、セレクションに合格すると、今まで知らなかった選手たちと一緒にプレーしたり、試合をすることができ、そのおかげで、自分のレベルもわかり、もっと巧くなりたいと思えた。

経験したことのない新しい状況にチャレンジし、刺激を得たわけだ。

しかも、そのチームはソ連へ遠征することになっていた。当初は、小6だけという決まりだったのに、「サッカーに年齢は関係ないだろう」と、特例で小5の僕も遠征に行くことになり、また新しい経験を積むことができた。

小5のこの体験で、イヤだと感じることであっても、逃げないで飛び込んでいけば、何かがあるんだということを知った。その感覚は今でも持ち続けている。

でも、中3のときに、壁から逃げてしまい、その結果苦い経験もした。しかし、その経験も高校で挽回する〝きっかけ〟へとなんとか変えることができた。

なんでも、プラスへ持っていく努力をすれば、結構うまくいく。

がむしゃらに壁に立ち向かい、当たって砕けたとしても、当たろうとした努力があれば、そのあとが違ってくる。

ボールを蹴ることができない〝最悪の2001年〟

00年、代表での左サイドでプレーすることへの悩みから解放され、気持ちを切り替えた僕は、アジアカップに優勝し、JリーグでもMVPを受賞することができた。いい1年だったと思えるシーズンでもあった。

しかし、01年、最悪な1年が訪れる。

3月。フランス代表に5—0と大敗した。左サイドで先発した僕は、試合途中で交代し、敗因のような評価を受けた。

4月のスペイン戦は遠征メンバーから外れた。守備的な選手を集めたという話もあったけれど、僕はJリーグでのプレーがよくなかったから、しょうがない。

00年はファーストステージに優勝したF・マリノスだったが、01年は開幕から5試合勝てなかった。主力選手の移籍もあったが、どうもチームがかみ合わなかった。

僕は、4月に入ってから腰痛が起こり、足の付け根にも痛みを抱えながら、プレーを続けていた。しかし、5月中旬頃から、プレーにも支障をきたすほど痛みが増し、5月19日のセレッソ大阪戦欠場を決めた。精密検査の結果、両股関節内転筋付着部炎と診断された。全治期間も不透明で、復帰の目処《めど》は立たなかった。

5月30日からワールドカップ・日韓大会の前哨大会として、各大陸王者が戦うコンフェデレーションズカップが日本で開かれたけれど、もちろん僕は代表に招集されていない。その大会を僕は病院のベッドのうえで、テレビ観戦していた。

5月末に風邪をこじらせて入院したのだ。入院は11日間だったけれど、本当につらい毎日だった。テレビでコンフェデレーションズカップを見ていると、自分が出ているCMが流れる。多くの人が僕の活躍を期待してくれたからだと理解できたけれど、空しかった。

コンフェデレーションズカップで準優勝した日本代表を見ていると、もうあのチームに自分は必要ないのかもしれないと落ち込んだ。

退院してからも、体調不良が続き、股関節の痛みも消えず、リハビリすらまともにできない毎日を過ごした。

チーム練習に合流したのは7月2日。

約2カ月間サッカーができなかったわけだ。

子どものころから大きなケガをしたことがなかった。学生時代はオフシーズンがないから、毎日ボールを蹴っていた。プロになってからは、1カ月のシーズンオフがあるけれど、代表のスケジュールがあったりして、完全休暇は10日間くらいだった。

そんな僕にとって、ボールを蹴られない2カ月間は、悪夢のような毎日だった。

やることがなく、時間だけはたくさんあるから、自然と考える時間が増える。こういうときは、悪いことばかりを思いつき、考えこんで、ふさぎこむ。

そんな日々を過ごしているとあるとき〝無〟になった。

〝考えすぎ〟を通り越して、「もういいや」という感じになる。開き直ったんだろうね。

そして、「楽しくサッカーをやろう」という気持ちにたどりついた。

一番シンプルで大切な気持ちを手にしていた。

入院やケガは、そのときの自分に必要なきっかけだった

7月14日に試合復帰して2連勝。それでもファーストステージを15位という成績で終え、F・マリノスは、J2（2部リーグ）への降格圏内に立っていた。

いわゆる崖っぷちだ。

でも、僕は「楽しくサッカーをやろう」という新鮮なパワーに溢れていた。ボールから離れ、2カ月後にボールを蹴ったときの喜びは、かけがえのないものだったから。

8月11日から始まったセカンドステージは開幕3連勝。

いいサッカーができないと感じていたファーストステージの苛立《いらだ》ちも「楽しくサッカーをやろう」という思いがかき消してくれた。

気の持ちようでいろんなことが変わるということを知った。

あの2カ月間は、きっとイライラしている僕に「休んだほうがいい」と与えられた休暇だったのだ。入院やケガは、いいタイミングだったんだと、今は思える。

そして、僕自身だけでなく、F・マリノスにも変化が訪れていた。

崖っぷちに立ったとき、チームが一丸となることの重要性を選手の誰もが感じていた。サポーターの思いを背負い、戦うことの意味を改めて感じ、勝つことへの執念や執着心を、ゲームで見せることができた。そして勝利の喜びを味わえた。

セカンドステージを10位で終えて、J1残留が決まった。

ただ楽しくサッカーができればいい

02年、ワールドカップイヤーを迎えると、ワールドカップメンバー選考に、世間の話題は集中していた。果たして中村は残れるのかと。

01年8月、12月と代表に呼ばれたが、試合には出場できなかった。

試合復帰したのは、02年3月のウクライナ戦。フランス戦から約1年が過ぎていた。45分しか出場できなかったから、僕の立場は相変わらず、ワールドカップメンバー当落選上だとマスコミは騒いでいた。

でも、僕はまったく気にしてはいなかった。

02年のF・マリノスは、リーグ開幕から連勝を重ね、ワールドカップで中断するまで7連勝。1位をキープしていた。毎日楽しかった。自分のプレーは間違っていないんだという、自信を持つこともできた。

ワールドカップメンバー最終選考戦と言われるキリンカップが始まった。

4月29日スロバキア戦、5月2日ホンジュラス戦、僕はトップ下でプレーした。自分のプレーをすることだけを考え、全4得点中2点を自分で決め、1ゴールの起点にもなった。結果は残せた。そして、本来のポジションで自分のサッカーをやり、自分は間違っていなかったと思えた。それまで左サイドで悩んでいたことも、すべてが間違っていなかったと確信できた。

そんな風に思えたのも、あのボールを蹴らない2カ月間があり、「楽しくサッカーをやろう」という大事な気持ちを取り戻せたからだ。

もちろん、リハビリの間には、「ケガや体調不良が２００2年でなくてよかったね」と励ましてもらっても、「今はそんな風には思えない」と感じるほど、苦しんだけれど。

ワールドカップメンバーに選ばれなかったから、気づけたこと

キリンカップが終わり、5月17日発表された、02年ワールドカップ・日韓大会のメンバーに僕の名前はなかった。

同じ日、F・マリノスのクラブハウスで、落選会見を行った。

落ちたのに会見をするのもどうかと思ったけれど、僕の話が聞きたいというマスコミからの要望もあったし、きちんと話してしまおうと、その席へ向かった。

会見を終えたときは、解放された気分だった。

やっぱり自分のなかで、長い間迷いみたいなものもあったし、周囲の期待の声に応えたいという気持ちもあったからだと思う。でも、4年間のいろんなことが、そこで終わった。これからは自分のサッカーだけに、集中できる。

ギリギリのところまでメンバーに残り、最後の選考試合でスタメン出場した選手が、メンバーから落ちるなんて、世界でもあまり例がないはず。そういう貴重な経験をすることができたんだから、これを次に活かしたい。そう決意した。

そして、なぜ、自分がメンバーに残れなかったのかということを考えることはある。選ばれた選手と自分とを比べることもあった。選手にはタイプがある。同じ選手にはな

れないし、なっても意味がない。でも、選ばれた選手にはあり、僕にはないものを知ることは、自分に足りないものを知ることでもある。そこを補えば僕の新しい力になる。

大会メンバーには急遽ベテラン選手が選ばれている。僕には彼らのような精神的な強さが足りないのかもしれない。人間としても、成長しなくちゃいけないと感じた。

思うようにうまくいかないことがあっても、誰かを悪者にして、終わらせるのではなくて、未来の糧にしなくちゃいけない。ただ気持ちを切り替えただけでは、苦しんだこと、悔しかった思いも無駄になってしまう。

普通だったら「つらい」の一言で終わってしまうかもしれないレッジーナでの経験

02年夏、僕はイタリアのレッジーナというセリエAの下位クラブへと移籍した。

最初はレンタル移籍という契約。これはお試し期間みたいなもので、1年後に移籍金をF・マリノスへ支払い、本契約をしてもらえるか、F・マリノスへ戻されるか決まる。だから最初の1年間で自分を証明しなくちゃいけない。その覚悟もあった。

ヒデさん（98－00年ペルージャ）や名波さん（99－00年ベネチア）の試合映像を見たり、もちろん話を聞かせてもらったり、いろんな情報を収集した。そして、最悪のことをイメージしてイタリアへ渡った。

イタリアは、勝ち点を手にすることにこだわるリーグだから、自分たちのいいところを出すサッカーではなく、相手の長所を消すサッカーだ。そのうえ、レッジーナは強いチームではないから、失点をしないよう守備的な戦い方となる。自分たちのゴール前に人数を固めて、ボールを奪ったら、ロングボールを前線へ蹴りこむ。中盤の僕の頭のうえをボールが越えていく感じになるだろう。きっと監督は、僕のような選手を使いづらいと思うだろうなとも考えた。同じ中盤でも、テクニシャンより守備力のある選手のほうが、レッジーナのようなチームでは使いやすいからだ。

でも、現実は想像以上だった。

ロッカールームはまるで高校の部室のようなものだし、ピッチも悪い。サッカー以前の問題で悩むことも多かった。でも、「こんなところじゃできない、こんなサッカーできない」と言ってしまえば、終わってしまう。レッジーナではたくさんの壁があったけれど、それを経験したくて、ここに来たのだから、乗り越えるために必要なことを考えた。

ポジションも、フォワードからボランチまで、いろんなところでプレーすることになった。新しい環境のなかでの初めてのポジション。慣れないことばかりだから、順応しようとすれば、自然と自分の欠点を消す作業にも繋がっていく。

僕の頭をボールが越えていくのなら、ボールのないところでの動きの質をあげようと考えた。新しいサッカーだからこそ、学ぶこと、考えることが多くなる。

目の前の壁をネガティブなものだと感じれば、それを越えていく作業にも余分なエネルギーを使うことになるけれど、「この壁を越えれば、またひとつ引き出しが増える」とポジティブに考えれば、壁を越える作業も楽しいものとなる。

そんな風に毎日をサッカーにしがみつきながら、暮らしていた。そして半年後に本契約を結ぶことができた。

苦しいときこそやらなければ

2年目になると、なかなか試合に出られなくなった。

だからと言って、「このチームではプレーできない」と思ってしまったら、意味がない。ひたすら、やり続けるしかない。どんなポジションを任されても、監督からどんな要求をされても、それに応える姿勢を見せて、続けるしかない。

試合に出られずベンチに座っている状況でも、今できることは何かと考えた。

毎週末に出場する試合があると、週中はどうしてもコンディション調整というトレーニングだけで終わってしまうことも多い。だから、こんなに試合に出られないのなら、せっかくだから、このチャンスを活かして、フィジカルトレーニングをやってみようと思った。

筋トレをいっぱいやったらどういうことになるのかを調べたりもした。いきなり筋肉強化をやって、負担をかけすぎて故障してしまったり、自分の身体が変わり、プレーに支障をきたすことになったら、よくないからだ。

控え選手の気持ちを初めて経験したシーズンだった。

「試合、出られないなぁ」と中途半端な気持ちで練習していてもしょうがない。どうしたら、監督が「あいつを使ってみよう」と思うか、監督に媚を売るわけじゃないけれど、監督の気持ちを察知してみた。

練習中も、誰よりもエネルギーを発散させることが大事だと考えた。カラ元気でもいいから、とにかく毎日明るく、元気にふるまう、ということだ。フレッシュなオーラを出す。否が応でも監督の目につくようにね。ただ走るだけでも、精一杯やった。

シーズンは長いから、スタメンで出ている選手が疲れたり、ケガをしたり、累積警告で出場停止になったりすることが絶対にある。

そういうとき、「ちょっと使ってみるか」と、監督に思わせなくちゃいけない。わずかな時間でもいい。試合出場のチャンスを得たら、そこで、結果を出すだけ。そうすれば、評価も自然と変わってくるはずだ。

試合に出られない、チャンスが来ないとなれば、誰だって、気持ちが落ちる。でもそういうときにこそ、踏ん張らなくちゃいけない。落ち込んで、くさってしまえば、オーラは消えてしまい、存在感が薄れ、ますます出場チャンスから遠のくこととなる。

苦しいときこそ、やらなくちゃいけない。

壁にぶち当たったとき、どうにかしようと立ち向かう、前向きな気持ちを持つのはたやすいことじゃない。

だから、僕はもがく。このまま、終わるわけにはいかないし、終わるわけもない。だから、この苦しい毎日を次に活かさなくてはいけないと、必死になる。

壁があるときは、まだましだ。それを乗り越えればいいだけ

よく、困難な状況に立たされたときに、人間の真価が問われるという。

もちろん、どう対処するかということで、その人の力が試されるのかもしれない。でも

大事なのは、〝その後〟なんだと思う。

うまくいかないときは必ずある。壁が見えるときはまだいいほうだ。それを乗り越えればいいだけだから。でも、壁すら見えないときもある。

そういうときは、考える。

必ずそこに存在するはずの壁を察知する。必死で壁を探す。

壁が見つかれば、よっしゃ、という気分になる。

次はそれを乗り越えるために必要なことを考える。

乗り越えたら、また強くなれるから。

もちろん、理不尽で解決できない壁もある。

そういうときは、壁からちょっと逃げるというか、考え方を変えて方向転換する。「これだけ頑張ってもどうにもならないのか、だったら」と別に道を探すことが必要なときもある。どうしようもないことも、現実には存在するから。

そのあたりの空気を察知することも、大事な力なのかもしれない。

でも、基本的には、壁から逃げないで立ち向かったほうが、得るものは大きい。

人種や生まれもった身体能力の差は、どうやっても埋まらない。僕が190センチくらいの身長が欲しいとか、足が早ければと願っても、それは無いものねだりだ。そういうときは、相手よりも速く考えて速く動き出すなど、別の方法を考える。

察知して、考える作業は、必ず、先につながる。

第五節 海外へ移籍した理由

「ヨーロッパでプレーしたい」と初めて思った

僕にとって初めての世界大会となったのは、マレーシアで行われた97年のワールドユース（現・U—20ワールドカップ）だった。

現在、FIFAが主催する世界大会には「17歳以下（U—17）」「20歳以下（U—20）」「年齢制限のないワールドカップ」がある。23歳以下の選手が出場するオリンピックは、オリンピック委員会が主催する大会だ。

ワールドカップ同様に、すべての大会にはアジア予選がある。U—17とU—20の大会は2年ごとに行われているので、U—17代表が終わるとすぐにU—20ワールドカップを目指しての強化がスタートする。日本では、U—17を「ジュニアユース代表」、U—20を「ユース代表」と呼ぶことが多い。

僕がユース代表へ参加したのは、96年の秋だった。10月に行われるアジアユース（ワールドユース予選）直前の招集だったが、アジアユースでも先発でプレーした。

ワールドユースでは、予選リーグを2位で突破し、決勝トーナメント一回戦でオーストラリアに勝つものの、準々決勝でガーナに延長Vゴールで敗れた。

中1日で試合をするスケジュール。2週間弱で5試合を戦った。

アフリカ、南米、ヨーロッパ……と、様々な国と対戦でき、非常に面白かった。U―20はまだ若い代表だけど、それぞれのチームに特徴があって、選手のタイプも違う。初めて対戦する相手を前に、自分に何ができるのか、そしてなにができないのかなど、いろいろと知ることができた。

でも、今になってみると、この大会の中で、もっとも印象深く記憶に残っているのが、このときに初めて「ヨーロッパでプレーしたい」という気持ちを抱いたことだ。

大会初戦の相手はスペインだった。選手たちの所属クラブを見るとバルセロナなど、ビッグクラブの名が並んでいた。それを見ながら、「この年代で、もうこんなクラブでプレーしているのか。僕も海外に出なくちゃ、彼らとの差がどんどん開く。置いていかれる」と思った。

とは言え、当時の僕はまだプロになったばかり。Jリーグのことだけで、必死だった。けれど、〝いつかは海外で〟というイメージを持てるようになった。

安定してうまくいき続けるときこそが、危機だ

Jリーグで5シーズン目を迎えたころになると、経験も積み、僕自身のレベルも向上していた。だから、ある程度のことは、できてしまう状況でもあった。

タイトルを目指す気持ちや、代表でのポジション争いなど、自分自身を奮い立たせる材料は確かにある。しかし、どこかでマンネリ感を抱いているところもあった。

当時のJリーグは、今ほど移籍が活発ではなかったし、ヨーロッパみたいに次々と新しい選手が加入して、競争を強《し》いられる……という状況は望めなかった。

レギュラーを勝ち取るためにもがいた新人時代が過ぎ、レギュラー・ポジションを手にして、結果が残せるようになり、自分が安心してしまうことが怖かった。

僕は、これまで「常に激しい競争を勝ち抜くことで自分が成長してきた」という気持ちでサッカーと向き合ってきたので、〝試合のための練習〟をしているだけの安定した毎日に、危機感を抱いていた。

若い選手たちに囲まれてプレーしていた当時の環境は、自分が望む環境ではなかった。環境を変えなくちゃいけないと、僕は感じ始めていた。

刺激がなくなったとき、それを手にするために環境を変えることは、ひとつの手段として、当然の選択だろう。

しかし、ただ環境を変えるだけでは、ダメだと思う。

「未来の自分」「なりたい自分」を想定し、そのために必要な環境を選ぶこと。それができないと、ただ環境を変えただけでは、何もプラスにはならない。なぜなら、環境を変えることが、現状からの逃避で終わってしまうこともあるから。

僕は、様々な能力の軸をつなぐと〝円〟を描いている……というような選手になりたかった。ある能力だけが飛びぬけているのではなく、いろんなことができる選手というイメージ。そしてその〝円〟を大きく、太くしたいと考えていた。

当時のJリーグでは、自分の好きなプレー、得意なプレーだけをやっているだけでも戦えていた。しかし、それでは自分の〝幹〟は太くはならない。日本では自分の足りないところに気がつかない危険もあった。Jリーグが悪いというのではない。

ワールドカップで、日本の最高位はベスト16だ。それよりも高いレベルの国はたくさんある。単純に、日本よりも厳しい環境を選ぶとすれば、海外もしくは〝外〟に出るしかないと考えた。

レベルの高い人たちの中でプレーする重要性

僕が望んだのは、レベルが上の選手たちの中で練習することだった。

「今日の練習で手を抜いたら、次の試合に出られなくなるんじゃないか」という危機感が日々続くような生活を送りたかった。

そういう環境に身をおかなければ、自分が伸びないことを知っていたから。

マリノスに加入したころのように、ギリギリの場所に立っていたかった。そうじゃないと、僕は不安になる。また中3のときのような失敗をしてしまうのではないか、と。

レベルの高い人たちのなかで、プレーすること。もしかしたら僕は、幼稚園のころから、それを体験してきたのかもしれない。だから、その重要性を体感していた。

僕には3人の兄がいる。

幼稚園のとき、ひとつ上の兄が幼稚園のサッカークラブに入った。年長組の子どもしか所属できないクラブだったが、サッカーに興味を持ち始め、毎日兄のプレーを見ていた僕は、先生の配慮で特別に加入が許された。ひとつ上の人たちと一緒にやるのは大変だったが、それを経験すると、同学年のメンバーとプレーしたとき、楽にプレーできる。

幼稚園で所属していたサッカークラブ、深園《みその》サッカークラブでは、小学生になってからもプレーした。先生は、僕を上の学年のチームでプレーさせることも多かったから、年上の人たちとプレーすることで、「厳しい環境にいたほうが、自分のためになるんだな」と、そのころから感じていた。

出発地点は、過酷なほど可能性も広がる

01年3月に、親善試合でフランス代表に惨敗した。このときに、文字通り、世界のトップクラスの選手を肌で感じ、日本でプレーしているだけでは、追いていかれるという危機感を強くした。海外に出ることが、夢や目標ではなく、やりとげなくちゃいけない課題へと変わった。

ヨーロッパのフットボール・シーンに自分の身を置けば、いつもギリギリの場所で戦えると考えた。

ヨーロッパでは、ほとんどの国にサッカーのプロリーグがあり、トップリーグの1部か

ら2部、3部、4部とプロリーグも多く、クラブの数も相当数存在する。結果を残せば、どんな小さなクラブでも1部への道が開かれている。これはつまり、選手も同様にステップアップし続けることが可能、ということだ。年齢に関係なく、能力を認められれば、高い評価を与えられるのがヨーロッパのプロリーグだ。

生まれた町の小さなクラブでサッカーを始めた選手が、結果を残すことで、移籍を繰り返しながら、ビッグクラブへとたどり着くシンデレラストーリーはたくさんあるし、実際に、現在ビッグクラブでプレーしているスター選手の多くが、そんな風にステップアップを遂げているのだ。

プロ契約を結べたことで満足する選手はいない。契約はあくまでも出発点。誰もが上を目指して戦っている。

ヨーロッパで育った選手はもちろん、南米やアフリカで生まれた選手たちも、子どものころから、激しい競争を勝ち抜いてきたという経験を持っている。だからこそ、彼らの向上心は貪欲でパワフルだ。

クラブにとって、選手は戦力であると同時に、資産でもある。安く買った選手を育てて、高く売ることとは、クラブ運営に欠かせない資金源となる。だからこそ、選手は厳しい評価のもとでのプレーを強いられる。

チーム内の選手の出入りは激しく、ポジション争いは熾烈だ。競争はクラブ内に留まらないし、アピールする場は、国内だけではない。大きな市場だからこそ、可能性も大きい。同時に気を抜けば、すぐに落ちていく。そういうヨーロッパの波に、乗りたいと願った。


02年になると、いくつかのヨーロッパのクラブが僕に興味を持ってくれた。そんななかで、レッジーナは、僕がワールドカップのメンバーから外れても、会長自らが来日し、僕を獲得することへの熱意を示してくれた。

ヨーロッパでの出発地点は、より過酷な場所が適していると僕は考えた。クラブの大きさは関係ない。逆に小さなクラブのほうが試合出場のチャンスは大きくなるとも思った。

イタリア人以外の選手はどんな選手でも苦労する、と言われているセリエA。当時、レッジーナは、そこに昇格したばかりだった。そんなレッジーナへの移籍を決めた。

01年7月21日、イタリアの最南端、レッジョ・カラブリアという地方の小さな町へ旅立った。

第六節 イタリアからグラスゴー、海外での壁に向かった

渡伊して最初に心がけたことは、イタリア一色に染まること

イタリアという国を地図で見ると、長靴の形をしていると言われているが、僕が渡ったレッジョ・カラブリアは、そのつま先にある町だ。ローマからは、飛行機で1時間あまり、列車だと約7時間かかる。

レッジョ・カラブリアは、地方都市というよりも、片田舎という表現があてはまる。移籍先を選ぶとき、サッカー環境についてはいろいろと考えたが、生活面での環境については、それほど重要だとは考えていなかった。当時は家族もなく、単身での移籍だったから、どうにかなるだろうと思っていた。

もちろん、言葉や文化、習慣の違いがあることは理解していたし、覚悟もしていた。

そもそも、僕はレンタル移籍という形だったので、完全移籍を成立させるため、無我夢

中でサッカーに取り組もうと決意していた。

サッカーはチームスポーツ。単独で結果が残せるわけじゃない。自分の力を発揮するためには、チームメイトとのコンビネーションが重要になる。そのためにも新しい仲間といい関係を作れるかどうかで、自分のプレーも違ってくる。

渡伊して最初に決めたのは、すべてイタリアに染まろうということ。

「郷に入れば郷に従え」の言葉通りに、サッカーも生活もすべて。変な話、服装や持ち物すら、イタリアに合わせようと思った。新しい環境のなかで、勝負するにはそういうことが必要だと考えていた。

異国へ行ったら、イタズラも歓迎

新しいチームに合流すると、まずはチームメイトの様子を観察する。ロッカーでのふとした態度などからも、選手の性格や人間関係などがわかってくる。そして、誰となら一緒にいやすそうか？　など、自分と似た性格の選手を探す。

人見知りというわけではないが、僕には〝見る〟時間が必要だから、新しい環境へ飛び込んでも、いきなり自分のペースで動くタイプではない。

でも、レッジーナではそんな時間はなかった。

イタリア人は、新入りを〝イジる〟ことが大好きで、いろんなシーンでこちらにちょっかいをだしてくる。

練習が終わって、シャワーを浴びていたときのこと。かなりの時間浴びているのに、まったくシャンプーの泡が消えない。おかしいなと思って、振り向くとチームメイトが後ろからずっと僕にシャンプーをかけ続けていた。シャワーをいきなり水に変えられたり、靴を隠されたこともある。本当にくだらないイタズラばかり。でも、それはイジメとは違う。彼らにとっては〝ギャグ〟で、コミュニケーションのきっかけなのだ。

チームメイトは、僕がどういう反応をするのか待っている。だから、くだらないなと感じても、そういう態度は取らなかった。怒って欲しいんだろうなと感じれば、笑いながらそうしたし、慌てて靴を探したりもした。そして、最後には一緒になって笑っている。小さな積み重ねだが、そういうことで、いい関係を少しずつ築いていくことができた。

しょせん僕は、イタリア、ヨーロッパでは新人選手。構えているよりも、選手たちの輪へ飛び込んでしまったほうが楽だ、と感じた。

イタリア人は自分の国が一番だというプライドが高い。自分が一番だと誰もが思っている。料理だって、マンマ（母親）の手料理が一番だと誰もが胸を張る。

僕に限らず、新しい外国人選手への評価は、「イタリアに溶け込もうとする姿勢があるか？」というところから始まる。流暢《りゅうちょう》にイタリア語が話せなくとも、イタリアに溶け込もうとする姿勢を見せることが大事なのだ。

移籍後、日本人の通訳がついてくれたし、イタリア語の個人レッスンも重ねた。でも、一番言葉を覚えたのは、選手たちとのかかわり合いのなかでだった。イタズラを仕返したり、ワーワー騒いだりしていたら、自然と覚えられた。チームメイトも、いろんな言葉（汚い言葉も含めて！）を教えてくれるし、彼らとの会話のなかで、「この言葉はこういうときに使うのか」といったことも学べた。教科書の前で勉強するよりもずっと効果的に身についた。言葉ひとつをとっても、新しい環境に「飛び込んでいく」ことは大事だと再確認した。

違う文化圏で受け入れてもらうためには、自分から飛び込むしかない

「ナカ、食事へ行こう」

チームメイトが夕食に誘ってくれる。しかし、レッジョ・カラブリアのレストランは、

夜8時にならないとオープンしないから、スタートも遅くなる。

注文を終えると、ワインとパンがテーブルに並べられる。ワインを飲みながら、仲間たちの会話が弾む。しかし、僕は会話には入れない。しょうがないから、パンをかじりながら、日本では飲んだこともなかったワインを口にする。そうでもしていないと間が持たない。そうこうしているうちに、チームメイトの友だちがやってくる。「彼はナカといって、日本からやってきた」と紹介してくれる。で、乾杯して、ワイングラスを空ける。空腹だから、酔っ払うけど、もうバカになるしかない。

注文した食事がテーブルに出てくるのは、10時過ぎ。パスタを作るのに2時間かかるのか、とビックリもした。そしてそこから、食べ終わるまでに、さらに2時間くらいかかる。

眠い目をこすりながら、僕は座っていた。酔っ払ってもいるし、居眠りしていたこともあったかもしれない。でも〝そこにいる〟ことが重要だった。

「昨日、ナカは酔っ払って、居眠りしていたね」と、翌日の笑い話になれば、それもまたひとつのきっかけだから。

通訳が同席すると、チームメイトとの会話もはずみ、彼らが僕に興味を持っているから食事に誘ってくれているんだということがわかった。正直、夜遅い食事は面倒だったけれど、彼らはこちらが飛び込めば受け入れてくれる。これは素直にうれしかった。

きっと、海外で暮らしている人たちは、サッカー選手に限らず、誰もがこういう苦労をしていると思う。どこであっても、馴染もうとする努力をしなければ、受け入れられはしないだろう。

新しい環境に馴染む努力をしないのなら、環境を変えた意味がない。たとえそれが修行のような毎日であっても。修行を経たからこそ、成長できるのだ。

新しい環境で認めてもらうための努力を惜しむな

僕は、自分がゴールを決めるよりも、いいパスを出して、味方がゴールを決めることがうれしいと感じるタイプの選手。だからイタリアでも、人を活かすパスを自分の武器として、発揮しようと考えていた。

でも、イタリアでは、僕の考えは通用しなかった。サッカーが違ったからだ。

ゴール前でボールを受けたとする。自分がシュートするよりも、いいポジションにいる味方へパスを出したほうが、確実にゴールが決まるシチュエーション。僕はパスを選択する。すると「何をやってんだ、どうして自分で打たない!?」と、サポーターからブーイングが起きる。もちろん、パスの受け手がゴールを決めれば、文句も言われない。しかし、受け手にとっても僕がパスを出すことは想定できていない。「普通、そこはシュート打つだろう」と考えているから、パスがミスパスになる。すると僕のパスはゴールチャンスを台無しにしたプレーとなる。

自分のプレーが周囲と合っていない。チームメイトにも怒鳴られる。「だって……」と自分の考えを説明する前に、他の選手を観察した。そしてわかった。

ここイタリアでは、ゴール前でボールを受けたら、選手はシュートを打つことしか考えていない。どんな体勢からでも打つ。それがゴールの枠をはるかに越えるようなシュートであっても、サポーターはシュートを打ったことを賞賛する。

「このリーグは、そういうサッカーなんだ」と理解した。

彼らはこう考えている。シュートを打ち、ボールをゴール近くまで運べば、何が起きるかわからない。無理な体勢で打ったシュートでも、誰かに当たって、ゴールへ入ることもあると。

そんなイタリアのサッカーは、自分のスタイルとは違うが、「こんなのできないよ」と思うことはなかった。課せられたカルチョ（＝イタリア語でサッカーの意）に順応しないと、次には進めない。

もちろん、頭で理解できていても、長年身についたプレースタイルだから、最初は戸惑った。フリー状態になっている味方が視野に入ってしまうと、どうしても彼にパスを出してしまう。でも、だんだんと、パスよりもシュートを選択するようになった。

たとえば、シェフになりたくてレストランで働き始めたのに、皿洗いしかやらせてもらえないとする。こんな仕事やってられないよと思うよりも、皿を洗いながら、横目で先輩の包丁さばきを学ぶことはできる。店のルールや流れを観察し、何をすべきなのか、何をしちゃいけないかを覚える。「ああいう態度をとると、失敗するんだ」とか。

皿を洗っている間も、洗いながら何をするかで、時間を有効に使うことができる。

そして、「今日、皿を早く洗い終えれば、次の仕事をやらせてもらえるかもしれない」と考える。そのために、できるだけ早く終わらせようと努力する。

新しい環境のなかで、自分を認めさせるには、プロセスが必要なんだ。

僕がパスよりもシュートを選択するようになると、面白いもので、今度は「俺にパスをよこせ」と、周囲が僕に要求し始める。

厳しい競争のなかでプレーしている彼らは、ポジションをとられないためなら、たとえ

〝手〟を使ってゴールを決めたとしても、結果を残したいと考えている。そんな貪欲な姿勢を持つ選手たちのなかで、「わかりました」と、パスを出していては、生き残れない。

僕も同じように「俺にパスを出せ」と要求するようになっていた。黙っていたら、ボールは来ない。そうなれば、自分の評価も下がっていく。

僕だって、レンタル期間を経て、完全移籍できるよう、生き残らなくちゃと、必死だった。だからこそ〝カルチョの流儀〟は、毎日のトレーニングや週末の試合をこなすうちに自然と身についていった。

やがて、自分だけの時間が欲しくなってきた

03年1月末に、レッジーナへの完全移籍が決まった。レッジーナはF・マリノスへ移籍金を支払い、僕と06年6月までの3年契約を結んでくれた。

そこからは、徐々に自分の色を出していこうと思った。

渡伊して半年間、イタリアを知り、イタリアのサッカーを知り、イタリア人を知り、すべてをイタリアに合わせて暮らした。もちろん、サッカーも頑張った。

やがて、そういう生活に少し疲れてきた。このままでは「二兎追うもの一兎も得ず」じゃないけれど、うまくいかなくなるんじゃないかと危機感を持った。ふたつのもの（僕の場合、イタリアに合わせる生活とサッカー）を追求するには、自分の力量というか、キャパシティが小さかったということなのかもしれない。

それで、自分の器を認識し、切り替えることが大事だと思い至った。

3年目になると、日本人トレーナーと契約し、レッジョ・カラブリアに来てもらった。レッジーナでもマッサージを受けることはできたけれど、肌をなでているだけで、筋肉の疲労をとる効果はなかった。日本のマッサージとはまったく違っていたから。

レッジーナのグラウンドはひどいピッチだったけれど、イタリアのスタジアムはどこもそう大差はなく、たいがい荒れている。グラウンドは水を含み、重い。そこでプレーすることで、筋肉への負担も大きくなっていた。これからは、自分で身体を管理するべきだと考え、出した結論だった。

チームメイトとの関係も変化していた。

1年目以上に、2年目、3年目は、一緒に悪ふざけをすることも増えていた。しかし、同時に自分のペースも大事にしたいと思った。

だから、自分の時間を作るための工夫を重ねた。

夕食に誘われ、「明日も朝から練習だから、行けない」と思い、そう口にしても「俺だって練習だよ」と言われてしまうはずだ。そういうときは「家族が来ているから」と角が立たないような理由を考えた。

仲間に、自分だけの空間を理解してもらう工夫

周囲もだんだん僕のことを理解してくれていたし、言葉を重ねずとも、わかり合える関係は築けていた。

試合に負け、帰路につく間も、たいていチームメイトは大騒ぎしている。そういう輪に入ることもあれば、ひとりで試合を振り返る時間を作りたいときもある。ひとりでいたいときは、ヘッドフォンをして輪に加わらないでいると、だんだん、誰も僕にちょっかいを出さないようになった。

全体練習が終わってから僕が自主練習をやっている姿を、チームメイトは見ている。そして、試合で結果を残せば、「ナカは練習熱心で、それが今日の結果に繋がった」と、周囲は僕を理解してくれる。

そうしたことを重ねていくうちに、やがてチームメイトたちは、全体練習が終わっても、ゴールをひとつは片付けずに残しておいてくれるようになった。僕が自主練習で、フリーキックを蹴ることを知っているから。

自分を周囲に理解してもらえる状況を作る。

そういう作業を続けず、いつまでも周囲のペースに惑わされていたままでは、目標がブレたり、現状に流されたりしてしまい、ステップアップできなくなる。

仲間とともに積み重ねる時間が、いろんな問題を解決してくれることもあるだろうけれど、自分から望む方向へ状況を仕向けることも重要だ。しかも良好な関係を維持しながら、と考えれば、相手を知り、理解したうえで、自分自身が工夫しなければいけない。

これは海外でも国内でも同じだろう。自分を知ってもらうためには、相手を知ることが大事だ。わかり合えなくては、いい関係は築けない。

海外でのプレーは、ピッチ外での苦労が大きい

イタリアでの最初の1年間は、「危なかった……」という言葉がぴったり合うくらい、大変だった。

日本を発つとき、最悪のことを想定していた。様々な状況を想像して「もし、そうなったら、こうしよう」と、あらゆることに対して、心の準備をしていた。

パスが回ってこなかったら。周囲から、中村は必要じゃないという態度をとられたら。チームメイトから、話しかけられなかったら。人種差別をされたら。……いろいろなことをイメージし、対応できる引き出しをできるだけ用意して、イタリアへ渡った。

そういう準備をしていたから、サッカー面ではなんとか順応できたと思う。しかし、生活面での苦労もまた、想像以上だった。

日本では、朝食から納豆と焼き魚を食べていたのに、チームの合宿の朝食は、菓子パンとコーヒーだけ。しかも町には、日本食レストランはおろか、日本食材を扱っている店もない。かろうじて中華料理店が2軒あるだけだった。

異文化での慣れない毎日で、サッカー以外の面で大きなストレスを抱えた。

サッカーのトレーニングは、たいていが2時間くらいで終わる。それは日本もヨーロッパも変わらない。単身でレッジョ・カラブリアに来た僕は、ひとりの時間を楽しく過ごすことで、ストレスを発散しようと頑張った。

でも、テレビを見てもイタリア語だし、日本のような娯楽施設もない。買い物をしようと思っても、ショッピングができる通りがひとつある程度の小さい町だったから、工夫が必要だった。

日本から取材に来た記者の人たちが持ってきてくれた雑誌は、1週間かけて1冊を読んだ。一度読んだ雑誌でも、「今日は5ページだけ読もう」と少しずつ繰り返し読んだ。入浴剤は貴重だから、「明日の試合に勝ったら、使おう」とか。日本のテレビや映画のDVDもご褒美だった。そうやって、自分で楽しみを作らないと、本当になにもない。

生活環境はなんとかなるだろうと思っていたけれど、海外でプレーするということは、そこで暮らすということ。ピッチ以外の苦労も大きいと、実感した。けれど、レッジョ・カラブリアで3年間過ごしたことで、もうどこへ行っても暮らして行ける力がついた。

レッジーナから、セルティックへの移籍

05年7月、スコットランドリーグ・セルティックへの移籍が決まった。

レッジーナとの契約はあと1年残っていたが、すでに3シーズンプレーしていたし、僕の中では、新しい環境へ挑戦したいという気持ちが高まっていた。

レッジーナとしても、契約を1年分残した状態で僕を移籍させて、移籍金を獲得したい

と考えていた。いくつかのクラブが獲得に興味を示してくれたが、レッジーナは、もっとも条件のよかったセルティックとの交渉に合意した。マリノスから僕を獲得するときに支払った移籍金以上のオファーを選んだのは当然だろう。

スコットランド最大の都市、グラスゴーにあるセルティックは、100年を超える歴史を持つ伝統あるクラブ。そのうえ、スコットランドリーグでは常に優勝争いをするビッグクラブでもある。

04―05シーズンは2位だったが、05―06シーズンのチャンピオンズリーグへの出場権をもっていた。予備予選2回戦、3回戦を勝ちぬけば、本戦へ出場できる。チャンピオンズリーグ出場の可能性が高いセルティックでプレーすることは、僕にとって、大きな魅力だった。それに、そのリーグのトップクラブでの選手生活は、下位クラブとは違う競争もあるはず。レベルの高い選手たちのなかで、新しい競争をしてみたかった。

契約が成立した段階で、予備予選2回戦の出場登録選手の締め切りが終わっていたが、3回戦への出場は可能だった。

7月28日午前、成田空港からグラスゴーへ向かった。

その日の早朝、セルティックは予備予選2回戦をアウェイで戦い、5―0と大敗していた。チャンピオンズリーグ予備予選3回戦へと勝ちあがるためには、8月2日のホームでの試合で6点差以上の勝利が必要となる。それが可能なのか？　チームメイトと会ったこともない僕にはわからなかった。

でも、最悪のことを想定するのは、いつものこと。もしもチャンピオンズリーグ本戦へ出場できなくてもいい、と考えた。スコットランドはもちろん、各国代表が揃うセルティックでの日々が、自分を伸ばしてくれるという確信があったからだ。

8月2日、試合をスタンドで観戦した。4―0と勝ったけれど、2戦合計4―5で破れ、05―06シーズンのチャンピオンズリーグ本戦への出場は叶わなかった。

しかし、その試合で、セルティックというチームのレベルの高さを確認できた。

そして、ホームスタジアムである、セルティックパークのムードに感動した。まず、ピッチが美しい。そして、イタリアのスタジアムの殺気立った雰囲気とは違うスタンド。6万人近い大観衆が試合に集中している様子が伝わってくる。途中交代で退場する選手へ立ち上がって、拍手を贈るサポーター。「こんな風に讃えてもらえるのか」と驚いた。

レギュラー争いはまた厳しいものになるだろう。

新しいサッカーのなかで、自分を表現していく作業は、容易ではないはず。けれど、イタリアでの経験があるから、僕はここでやれると思った。

前の環境と今の環境を比べるヒマがあるなら、馴染むために時間を使え

ピッチやスタジアムだけでなく、グラスゴーでは生活環境も大きく変わった。日本食レストランもあるし、納豆が買える日本食材店もある。大げさかもしれないけれど、それだけでグラスゴーは天国だと感じるくらいだ。

スコットランド人は、とても日本人と似ている。少し内向的な面もあるけれど、紳士だ。道で、相手とぶつかりそうになったとき、「ソーリー」と言う。ソーリーと言ってしまうのは自分の過ちを認めることになるから、「エクスキューズ・ミー」と言ったほうがいいと聞いたことがあるけれど、スコットランドでは「ソーリー」だ。

欧米人は自己主張が強いと言われるけれど、そのなかでもイタリア人は強烈だと思う。イタリアでは、日中、車のエンジン音よりも鳴り響くクラクションの音のほうが大きい。欧米では赤信号でも車が来なければ、渡ってしまう歩行者は多い。でも、イタリアでは、歩行者ばかりか、車でもそういうことがある。右折禁止を無視するくらい、日常茶飯事。

食事や仕事はのんびりしているイタリア人だけど、彼らは意外とせっかち。車の運転で

も、赤信号が青へ変わる直前にはアクセルを踏む。だから、交差点で日本流に運転していたら、途端にクラクションが鳴らされる。グラスゴーでは、日本と同じ感覚で運転できる。

自己主張の強さはピッチ内でも同じだ。イタリアでは、練習中であっても殴りあうんじゃないかと思うくらい、激しく自分を主張し合う。明らかなミスをとがめられても「だって、それは」と言い返し、口論が始まる。なのに、練習が終わると衝突したことが嘘だったみたいに、仲良く食事にでかけている。それが、イタリア人のコミュニケーションだった。スタンドのサポーターと選手が言い合うこともある。とにかく誰もが自分を主張する。

もちろん、グラスゴーでも選手たちは自分の考えをはっきりと主張する。でも、イタリア人みたいに、騒ぎとなることはない。ロッカールームもイタリアよりは静かだ。チームメイトに、大人気のないイタズラをする選手もいない。それに、パスを受け損なったりすると「ゴメン、今のは、お前のミスじゃなくて、俺のミスだった」と謝ってくれる。日本と似てるなと思うことはたくさんある。

イタリア人とスコットランド人とを比べて、優劣をつけるつもりはない。それぞれにいいところもあるし、悪いところもある。レッジョ・カラブリアとグラスゴーについても同じだ。ただ、横浜という都会で育った僕には、グラスゴーのほうが便利で過ごしやすい、というだけ。

環境が変わると、以前の場所と現在の場所を比べてしまうのは、人として当然の行為だと思う。そして、その違いを知りたいと、周囲から興味を示されるのも当たり前。

しかし、そういう作業にはあまり意味はない。

僕の場合は、〝田舎〟から〝都会〟に出てきたという状況だったから、恵まれていたのかもしれない。でも、これが逆だったとしても、比較はしなかったと思う。以前暮らした場所の良さばかりを追っていても、前には進めないからだ。

早く新しい環境に馴染み、自分を認めてもらい、課せられた課題をクリアーし、評価を得て、また新しい課題に取り組む。その作業をうまく運ぶために最初にしなくてはいけないのは、新しい環境を受け入れること。それが新しい環境で挑戦するということだ。

環境の変化の中で、いちばん大事なのは「自分を知る」こと

セルティックでは最初からサッカーに集中することを選んだ。イタリア語に比べると、英語は上達していないが、そのぶん、ずっとサッカーを追いかけてきた。〝サッカーをプレーすることで、自分のことを周囲にわからせる〟という術も、イタリアに来たばかりの

ころよりは、上達していると思う。

スコットランドリーグでのデビュー戦で、僕は試合のMVPに選んでもらえた。試合で結果を残せば、チームメイトやサポーターから信頼を得られる。それを、最初の試合で達成できたことで、自分の存在を認めさせるきっかけは作れたかもしれない。でも、だからといって、まだ土台ができたわけじゃない。しっかりとした土台がないと、壁にぶつかったときモロイ関係しか築けない。

ただし、このときひとつ注意しなくちゃいけないのは、次のステップ、次のステップへと気持ちがはやるあまりに、今までやってきたことへの意識が薄くなってしまうこと。そうなると、せっかく築いてきた力も、崩れてしまう怖さがある。だから、「今までやってきたこと」と「今できること」をしっかりとやったうえで、それに肉付けをするイメージで、次のことへ挑戦しようと考えた。

練習中から、ミスを無くし、確実なプレーをし、僕を経由すれば、絶対にゴールまでボールが運べる……とチームメイトが感じてくれる存在にならなければいけないと思った。

セルティックは国内リーグではトップチームだから、選手のレベルも高い。国内リーグの試合では、選手の個人技だけで勝てることも多い。

ちなみに、下位に位置していたレッジーナ時代は、選手個人では勝てないから、組織でプレーすることが必要だった。このとき頭を使いながら戦った経験は、日本代表で世界の強豪と戦うとき役に立った。

決められたエリア内でのプレーを求められるセルティックでは、1対1の場面が多い。そこで勝てないと、すぐに「ハイ、交代」とポジションがなくなってしまう。控えにもいい選手はたくさんいる。イタリア時代とは違う質の危機感とプレッシャーがあったが、おかげで、1対1での対応など、新しい力を磨くことができた。

新しいサッカーのなかで、自分のプレーがどう評価されているのかを察知して、自分の引き出しを開く。イタリア時代に増やした引き出し（経験）があったから、セルティックのサッカーに適応するのもスムーズだったと思う。

ヨーロッパ内では、リーグによってサッカーが違う。

選手の考え方もレフリーの笛も変わるし、ファールの基準にも違いがある。だからこそ、いち早く違いを感じ取ることが重要だ。

そして、大事なことは、自分を知ること。新しいサッカーのなかで、何ができ、何ができないのかと自分とサッカーとを照らしあわせながら、工夫していく。

グラスゴーの冬は凍てついている。

セルティックでは、午前中の練習で、身体が温まらないうちから、ボールを使ったトレーニングメニューを消化する。欧米人は日本人よりも平熱が高い。以前、38度の発熱があったとき、「明日の試合出るだろ?」とスタッフが平然と言ってきた。彼らにとってはそれくらいの熱は普通みたいだ。

だけど日本人の僕は違う。寒い環境での練習には注意を払わないと危険だと感じた。だから、練習の1時間くらい前にクラブハウスへ到着し、ジムで身体を動かし、練習に備えた。練習後もゆっくりと風呂に入ってから帰宅した。

06―07シーズンは、国内リーグとチャンピオンズリーグも戦うハードな日程を乗り越えるため、試合後にも筋トレを行った。90分間の戦いのあと、さらに自分を追い込むことで、身体と心を鍛えておこうと考えたからだ。先を見越して、危機を察知し、準備をする。大きなケガもなく、リーグ戦も最終節以外すべてに先発できた。06―07シーズンの好結果は、準備を怠らなかったことも原因なのかもしれない。

悔しさを味わいたいから日本を出た

レベルの高いところを求めて移籍場所を探す、というやり方もあるけれど、僕の場合は自分の苦手なことが克服できる環境を求めた。

まずは、もっとも厳しい場所でプレーしようと、セリエA・レッジーナへ移籍した。慣れるべき環境は、生活もサッカーも想像以上に困難なものだった。初めての海外での選手生活ということもあり、苦しい日々だった。

でも、「ダメだったら日本に帰ればいい」とは一切考えなかった。「ここでダメなら、サブメンバーに落とされて、セリエBへと移籍するしかなくなる」という感覚だった。

自分はヨーロッパの波に乗り、ビッグクラブへと移籍していきたい。そういう強い思いがあったから、こんなところで、躓《つまず》いてる場合じゃないとサッカーにしがみついた。

ロングボールを蹴るサッカーであっても、自分に足りないものは何か、できることはないのか？　と壁を察知しながら、どんどん壁や課題を見つけて、それに立ち向かった。置いていかれないようにと、毎日必死で戦った。

壁に当たったぶん、引き出しが増え、成長できたという確信がある。

だからこそ、セルティックへ移籍し、チャンピオンズリーグへ出場することができた。

そこで戦ったACミランとは、イタリア時代にも対戦していたが、当時よりも、自分がACミランに近づいていると感じられた。得意じゃなかった守備もセルティックで磨いた。

ACミラン、マンチェスター・ユナイテッド、バルセロナといったヨーロッパのトップクラブと対戦し、まだまだだと感じた。足りないことが多いと痛感させられ、やるべきことがたくさんあると思い知らされた。でもだからこそ、まだ伸びる可能性がある。悔しい思いはそのためのきっかけだ。

僕は悔しさを味わいたくて、日本を出たのだ。

第七節 すべての監督から、学びがある

常に選ばれる選手になるためには、変化の「空気を読むこと」

繰り返しになるが、トルシエ監督時代の日本代表では、本来のポジションではなく、左アウトサイドで起用され、「試合に出られなくなってもいいから、本来の僕のポジションである〝トップ下〟でプレーしたい」と悩んだ。当時のF・マリノスのアルディレス監督に相談すると、「どんなポジションであれ、先発で試合に出ることが大事だ」と言われて、気持ちを切りかえて左でプレーした。そのおかげで、増えた引き出しも多い。そして何より、試合に出たことで、受けた刺激は数知れない。

だから、僕はどんな監督のもとであっても、常に試合に出ていたいと思っている。もちろん誰もがそう思うだろう。

しかし、監督が代われば、サッカーも変わる。そして、監督が選ぶ選手にも変化が生じ

る。それがサッカーだ。「常に試合出場するため」に重要なのは、どの監督からも必要と思われる選手でいることだ。

マラドーナやロベルト・バッジオ、ジダンなど、類稀《たぐいまれ》なる才能を持った選手たちには、どんなチームでも、プレーする場所が与えられる。極端な話、彼らを中心にチームが作られてきた。しかし、そういう選手には、なろうと思ってもなれはしない。

レッジーナでプレーし始めて、わずか3カ月で監督が代わった。成績不振による解任だった。監督交代によって、チームのサッカーも変わり、スタメンの顔ぶれも変わる。そして、僕自身の立場にも変化が生じた。

レッジーナ時代の3年の間に、5人の監督のもとでプレーした。監督が代わるたびに自分を証明しなくちゃいけない。

まずは自分のプレースタイルや能力を示さなければいけない。

そういう作業は子どものころから、クラブや代表のセレクションなどで、何度となく経験している。セレクションでは10分くらいでアピールしなくちゃいけないことも多かったから、自分をアピールする術は身についている。

しかし、それだけで、試合に出続けるのは難しい。

大事なことは、変化の空気を読むこと。

監督がなにを望み、どんなプレーの選手を求めているかを察知し、要求に応えられる準備をしなければいけない。

監督に不満を抱くのでなく、自分に何が足りないかを察知する

たとえば監督のサッカーでは、自分が従来持っているプレースタイルを発揮できないとしても、僕は試合に出たいと思う。

なかには、「監督のスタイルと僕は合わないから」と、移籍を選択する選手がいるかもしれない。それもひとつの選択肢だし、選手の考え方だから、否定はしない。

ただ、僕は挑戦したいと考える。

レッジーナ時代、「アウエイでの試合は、守備的に戦いたいから」と、メンバーから外されたことがあった。そんなとき、監督の判断を不満に思うことは簡単だ。

でも僕は、「メンバーから外される＝力がない」ということだと感じ、何が足りないかを察知することに頭を使った。

「俺だって、守備はできるよ」という気持ちがあっても、監督にそれを理解させることが

できていなかったから、「守備的な試合では使えない」と監督が判断したということだ。

その現実を受け入れたうえで、守備もできるということを監督に証明しなくちゃいけない。足りない箇所を伸ばしていく作業をしなければならない。僕はそう考える。

監督の認識を変えることができれば、僕の引き出しも増えたということになる。たとえ認識が変わらなかったとしても、努力したことは無駄にはならない。

監督が代わってもグラウンドに立ち続けるためには、いろんなことができる選手であるべきだ。いろんな要求に応えられる引き出しを持ち、あらゆる能力が高くバランスのよい（能力の）レーダーチャートを描ける選手になりたいのも、試合に出続けられる選手でいたいから。

慣れないポジションで起用されたときは、監督がなぜ自分をそこへ起用したのかを察知し、そのうえで、そのポジションを自分の色に染める。

たとえば、ボランチで起用されても、僕は、ガツガツ守備ができるタイプではない。しかし、僕はゲーム全体の流れを察知し、先を読み、選手を動かしながらバランスをとることができる。効果的なパスを前線に送ることもできる。

前任者のプレーをそのまま真似するのではない。

もちろんいいところは盗むけれど、同じことができるわけがない。だから、監督の要求を察知し、自分の特性を活かすことを考える。そのためにも自分を知っておくことは大事だ。自分ができること、できないことを。

トルシエ、ジーコ、オシムそれぞれの日本代表監督

日本代表でプレーするときも、監督の考えるサッカーを察知し、そのなかで自分の色を出す作業をするというのは、クラブと同じだ。

トップ下と慣れない左アウトサイドでプレーした、トルシエ監督の日本代表では、経験のない新しいポジション（左アウトサイド）で、いかに自分のプレーを表現するかを学べた。その経験があったからこそ、イタリアでいくつものポジションで戦えたと思う。

選手個々の特長を活かすサッカーをしたジーコ・ジャパンでは、逆に、組織で戦うことの重要性を学んだ。日本人選手ひとりの力では、海外のトップクラスのチーム相手に勝つことは難しい。組織力・連動性を高めるには、チームメイトを知ることが大事だし、選手間のパイプを太くしなければいけない。

監督が代わってもチームメイトの顔ぶれに変化がなければ、まだやりやすい。監督も選

手も代わった状況というのがもっとも難しい。オシム・ジャパンでは、名前は知っていてもプレーまで認知している選手の数は少なかった。だからこその準備を行った。

オシム・ジャパンへ招集されるまでの数カ月間、僕は情報収集に努めた。試合の映像を見ることはもちろん、代表選手と会話を重ねながら、準備をした。

監督に迎合することと、監督の要求を理解することは違う

監督の要求に応えられるよう、監督を知り、準備をすることを〝媚を売る〟と感じる人もいるかもしれない。でも、それは、試合に出るためのひとつの手段でしかない。

僕は、自分のスタイルを捨てて、監督のサッカースタイルに迎合しようとしているわけじゃない。監督が目指すサッカーのなかで、自分を活かすための作業の一環として、監督の要求を知り、サッカーを理解しようと努めているだけだ。

監督の戦術に合わせながら、どんなポジションでも、自分の色を出してプレーし続ける。これは一生変わらない、僕のスタイルだ。

セルティックでは、「私のサッカーではこういうプレーをして欲しい」と監督が求めてくれる。僕は、求められたプレーをすればいい。

しかし、イタリア時代は難しかった。大前提として、イタリアのサッカー、レッジーナのサッカーでは「ナカは使いづらい」と思われていたから。

だから、練習中に必要だったのは、自分のプレー以外のことを見せていくことだった。使いづらいと思わせている気持ちを変えるため、レッジーナのサッカーでも僕はできるんだということを見せ、監督を納得させるしかない。そのことばかりを考えていた。

「この監督のサッカーは合わない」で終わらせたくはなかったから。

監督のことばかり考えていると、気持ちが高まらないこともあった。

そういうときは、自分のことを考えた。

監督に認めてもらうという考え方ではなくて、「ヤバイ、このままでは消えてしまう」という危機感を持つようにすれば、頑張れる。

1年で日本に帰りたくはなかったし、そのためには、このサッカーのなかで生きていくしかない。自分を消さないためにはどうすればいいのかを考えた。

結局、自分の苦手を克服する、新しい武器を身につけることしかなかった。

やることは同じでも、監督を意識するか、自分のためだと考えるか、考え方次第で、モチベーションも違ってくる。こういう工夫もまた大事だと学んだ。

スタメンで試合に出続けていても、安心することはない。常に、もっといいプレーをし、こういうプレーもできるんだということを周囲に証明したいし、監督を驚かせたい、びっくりさせたいという気持ちは強い。

監督に認められるというのは、評価を得るということ。

たとえば、サラリーマンが仕事を言い渡される。今日中にやればいい仕事だったとしても、それを午前中、締め切りよりも早く終わらせ、午後には次の仕事に取りかかることができれば、それだけで評価を得ることもできるはず。もちろん、正確に早くやることが前提だが。

言われたことを言われたままにやっていただけでは、評価にはつながらない。

僕が監督をびっくりさせたいというのは、それに近い感覚だと思う。

監督の言葉は、すべて自分のために言っている言葉だと思う

僕にとって監督は、いつまでたっても指導者という立場の人だ。これはサッカーを始めたころから変わらない。選手同様に、どんな監督からも学ぶことはたくさんある。

プロになってから、僕はたくさんの監督のもとでプレーしてきた。多くの監督が外国人

監督だったのでいちがいには言えないけれど、外国人監督は個性の強い人が多い。特にイタリア人の監督は、細かいし、癖のある人がたくさんいた。

僕は将来、指導者になりたいと思っている。そう考えるようになってからは、それまで以上に、「監督から学ぶことはないか」という意識が高まった。試合での選手起用のタイミングなどを見て「上手いな」とか、「なんで今なんだろう」と考える。

選手との接し方も、監督によって、いろいろある。わざと距離を置いている人もいれば、距離を無くそうと努める人もいる。監督としての立場や役割を大事にしている人もいる。監督らしくあろうと、監督を演じる人もいる。

同じことを伝えるにしても、監督の性格が出る。「この人はこういう性格だから」と監督の人間性を理解することも大事だと知った。

選手への指示にも興味があるので、監督がチームメイトへ指示を出している内容も、通訳の人に教えてもらうようにしている。こういうタイプの選手には、ああいう言い方をするのか、など、将来のための情報収集にもなる。

そして、ほかの選手への指示であっても、それを聞き「だったら、僕もそういうことを意識してプレーすればいい」「同じ失敗をしないようにしよう」と感じることができれば、プラスになる。すべてが自分のために言っているんだと思いながら、聞いている。

トルシエ監督との4年間は、すべてその後の跳躍のため

トルシエ監督のもとでは、たくさん悔しい思いをした。

どんなに一生懸命やっても「認めてもらえない」という空しさも味わった。でも僕は「応援してくれるファンやチームメイトのために」と思い、100％でプレーした。

2002年ワールドカップのメンバーに残れなかったが、「あの監督じゃなければよかったのに」などと思うことはなかった。

メンバーに残れなかったのは、何かが足りないからだと感じ、足りないものを見つけて、成長するために活かそうと考えていた。そうしなければ、トルシエ監督と過ごした時間が意味のないものになる。大事なのは、これから先だ。

あの4年間があったからこそ、どんな監督のもとであっても、対応できる心の準備が身についたのかもしれない。「得意なプレーだけをやっていたのでは、置いていかれる」と感じられたのは、あの時期だったし、それがきっかけで、海外へ出る決意をした。

トルシエ監督のもとで、プレーしたことがよかったのか？　それともトルシエ監督と出

会わなければよかったのか？　それはわからない。

ただ、あの4年間を、ただ苦しい思いをした、苦しい時代、不遇の時間……では終わらせたくはなかった。どんな監督のもとで、どんな環境で時間を過ごしたとしても、その時間を〝次〟へ活かそうと必死だった。

ただし、「ガムシャラにやる」だけでは足りない。

「先を想定し、課題を見つけて、考える」

課題は未来のために必要なこと。監督は僕にそれを教えてくれる人でもある。

ジーコ監督がくれた信頼、ストラカン監督がくれたチャンス

ジーコ監督は、僕にトップ下を任せてくれた。記者会見などで、僕への信頼を言葉にしてくれたこともある。でも、ジーコ監督はあまり僕に話しかけることはなかった。でもそのぶん、託されているんだという気持ちになった。「言わなくても、自分で気づいているだろう」というメッセージが伝わってきたから。

ワールドカップ・ドイツ大会で発熱した僕は、体調が100％というわけではなかった。でも、ピッチに立ったときは、できる限りのプレーをした。

第3戦ブラジル戦の前、ジーコ監督から「今までも、厳しい状況のときでも、お前を外そうと思ったことはない。だから、ブラジル戦も諦めないで、最後までやっていこう」と言われた。「自分は今100%の体調じゃない。少しでもプレーが悪いと思ったら、すぐに代えてくれ。もちろん僕も諦めないで全力でプレーする」と答えた。

もちろん、あの大会には悔いもある。しかし、あの経験もまた、先に繋がる課題を生んだ。それを無駄にしたくないと、それからの時間、僕は、必死だった。

セルティックのゴードン・ストラカン監督も、アルディレス監督やジーコ監督同様に、名選手と言われる現役時代を過ごした人だ。彼の現役時代のプレー映像を見たとき、僕のプレーと似ている部分がたくさんあって、驚いた。名選手がいい監督になるとは限らないけれど、彼ら3人に共通するのは、「選手の気持ちをよくわかっている」「あまり細かいことを言わず選手を信頼している」と感じさせてくれる点だ。

07―08シーズンのチャンピオンズリーグ、決勝トーナメントでバルセロナと対戦したセルティックは、第1戦のホームで2―3と敗れた。アウエイゴール・ルール（ホーム・アンド・アウエイの2試合の合計得点で上まわったチームが勝ち上がるが、合計得点が同じ場合、アウエイでのゴールの多いチームが勝者となる）を考えると、挽回することは厳しい状況で、第2戦、カンプノウでのアウェイ戦に臨んだ。

試合当日の朝の練習中、ストラカン監督は僕を呼んで、トップ下での起用を告げた。通常とは違うシステムでの試合だったが、真ん中のポジションでバルセロナと対戦できたことは、本当に嬉しかった。

そのポジションは、自分が子どものころから長くプレーしてきた場所。戸惑いもなく、やっとやれるという気持ちだった。セルティックでのトップ下は、05年8月のデビュー戦以来。07年3月のACミラン戦（決勝トーナメント第2戦）も同じフォーメーションだったが、僕はいつもの右アウトサイドだった。

バルセロナとの試合は1―0で敗れた。バルセロナ相手ではなかなか僕のところにまで、ボールが運ばれることもなかった。でも、右アウトサイドでは見つけられない課題を見つけられた。それは僕にとって、非常に大きな〝きっかけ〟を与えてくれた。

今まで頑張ってきた僕へ、監督からのご褒美だったのかもしれないと、ちょっと思った。

第八節 チームメイトから察知できる学び

まず、味方を知ること

ヨーロッパは、夏と冬に移籍マーケットが開かれ、選手の移籍が活発に行われている。移籍を重ねることがレベルアップ、ステータスアップへ繋がるという選手たちの意識も強いため、同じチームで長くプレーする選手は意外と少ない。もちろん選手のなかには、ひとつのクラブで活躍する選手もいるけれど。

移籍が活発ということは、それだけ選手間の競争も激しいということ。

当然、自分と似たタイプの、ポジションを争う選手がクラブへやってくることもある。自分と新加入選手とを比べ、どこが優れていて、どこが劣っているかを察知する。彼にはできないことを、自分ができると証明できれば、ポジション争いは有利に運ぶ。そのためにも引き出しの数は必要となる。

ポジションが違う、新しい選手の特長をいち早く察知し、彼を活かすプレーができることもまた、選手の能力として高く評価される。

ACミランなど、ヨーロッパのトップクラブにいる選手たちは、当然高い個人力を持っている。ひとりひとりのプレー幅も広いし、スピードもあるからプレーエリアも広くなる。スピードは走るスピードだけでなく、考えるスピードのことでもある。試合の流れを読むだけでなく、味方同士が素早く察知し合う力も、彼らにはある。

カカ（ACミラン）はとても巧い選手だけど、いつもボールに絡んでテクニックを披露するだけの選手ではない。巧さを魅せつけるロナウジーニョ（バルセロナ）とは違うタイプ。でもカカは、ここぞというところで、ゴールに絡む決定的なプレーができる。

それは、カカ個人の力はもちろんのこと、チームメイトがカカのスタイルを理解しているからだ。カカがドリブルを始めると、フォワードのインザーギが、すでに走り出してゴール前にいるからこそ、カカからのインザーギへのパスがゴールを生む。

味方を知るということは、重要なポイントだ。

僕は足が遅いぶん、強い相手と戦うときは、相手よりも速く動き出さなくちゃいけない。そのためにはゲームの流れを読むことも必要だけど、味方をどれだけ理解しているかというのも重要なポイントだ。

「あの選手はあそこでボールを受けたら、どんなプレーをするか?」

そういう情報を常に収集しておく。

練習でも多少は知ることができるが、やはり試合でないとわからないことはたくさんある。しかも相手のレベルによって、選手が選択するプレーにも変化が生じる。

高いレベルの対戦相手からのハイ・プレッシャーのなかで、何ができるかを知ることが、味方の情報を得る一番の機会となる。余裕がないときに、どういうプレーをするか、どういう行動をとるかがわかるからだ。

チームメイトを信じること

僕は、自分がゴールを決めるよりも、僕のプレーで、チームメイトがゴールを決めたり、いいプレーをしてくれることが純粋に嬉しい。ゲームを作るタイプの選手だからだと思う。

僕とチームメイトとのパイプが太くならなければ、彼らを活かすことはできない。

そのために必要なのは、味方に要求するということ。

「こう動いて欲しい」と言葉で相手に伝える。しかし、ひとつ間違えれば、要求が文句になることもある。それに、要求ができるだけの自信を持っていなくてはならない。

プロになったばかりのころ、僕は、自分の感覚や判断にまだ自信が持てなかった。パスを受けるフォワードに「こうしてほしい」と思っても、果たして僕の意図が正しいのかどうかもわからない。だから、要求ができなかった。

そんなころ、ユース代表のフォワードだったヤナギ（柳沢敦）さんとの出会いは、僕にとって大きな刺激となった。

ヤナギさんは、動き出しのいいフォワードで、しかも試合中に何度も動きなおしてくれる。フォワードが様々な動きをしてくれると、出し手としてもパスの選択肢が増える。

そして、受け手であるヤナギさんは、パスのタイミングを察知する能力が高いので、こちらがギリギリのところへパスを出しても反応してくれる。

ヤナギさんは、動くことで、「ここに欲しい」とか、「このタイミングだ」ということをわからせてくれた。もちろん、僕自身も、ヤナギさんの動きから、いろんなことを必死で察知した。そういう意識がないと、ヤナギさんのせっかくの動きも無駄になってしまう。

ヤナギさんといい関係が作れたことは、18歳の僕にとても大きな自信を与えてくれた。

現在は、まずパスを出し、フォワードがどう動くかを確かめる。優れたフォワードは僕のパスの意図を感じてくれる。3回、パスが繋がらなくても4回目に繋がれば、3回のパスミスも意味を持つ。ミスも〝意味のあるミス〟へと変えていかなくちゃいけない。

そして、信頼関係。僕のパスを信じて走り出してくれれば、絶対シュートまで行くんだという信頼を味方に与えることも重要なことだ。


大事なのは、フォワードとの関係だけではない。

以前、セルティックに（ニール・）レノンというベテラン選手がいた。彼は、ボールを受けるといつも簡単にパスを出す。そのことがわかれば、彼の出すパスを予測して、準備を始めればいい。

こういう状況ならバックパスを出すだろうな。そのパスを受けたディフェンダーは前線へロングボールを蹴るはず。なら、僕はバックパスが出たタイミングで前へ走り出して、ディフェンダーからのロングパスを受ける準備をし、その先のプレーをイメージするという具合だ。

言葉の壁がある、海外でプレーしている日本人選手は、自分のプレーを相手に伝える能力が自然と磨かれるはずだ。プレーをすることで、味方にわからせないといけないから。

もちろん、自分をわからせるには、チームメイトを知ることも大事だ。

仲間に要求をするときの、タイミングと言い方

選手同士のコミュニケーションのなかで、大事なのは言い合うことだと思う。自分の要求を伝えたうえで、相手の言葉も聞かなくちゃいけない。

でも、日本人はあまり言い合わない。高いレベルの選手同士なら、要求し合うのも当然のことだと、受け止めることができるだろうけれど、多くの場合は違う。なかには、要求されたことを、「怒られた」と感じてしまうことも多いと、聞いたことがある。

オシム・ジャパンのなかで、僕は年齢的に上の立場になった。

チームメイトへ要求する機会も自然と増えた。そういうときは、言うタイミングや言い方に気を配る。相手の性格とプレースタイルを考えながら、要求する。

何も言わないよりは、言ったほうがいい。

何か言うことで、言われた選手は意識し始める。すぐにうまくいかなくても、そういう積み重ねが大事。意識をすれば行動は変わるものだから。

黙っていても感じ合えることは理想だけど、言葉で伝えることで、自分のプレーをいち

早く理解してもらえる。

現在ブラジル代表の監督を務めているドゥンガが、ジュビロ磐田でプレーしていたとき、試合中だろうが、なんだろうが、チームメイトを叱責し続けていた。彼は「ミスはその場で指摘しないと直らない」という信念を持っていたと聞いたけれど、いつ伝えるかというタイミングも重要なことだと思う。

ただ、ミスを犯した直後はパニックに陥っている選手もいるから、その場でさらに指摘することがすべて、ベストかどうかはわからない。

そういう部分については、僕自身、これから学んでいくことなのかもしれない。それもまた、ベテランと呼ばれる選手たちの姿、監督の姿がいい見本となるだろう。

チームとしての11人を観察すること

子どものころから、海外のサッカーを見るのが好きだった。

昔は、今みたいにたくさん試合をテレビ中継しているわけじゃなかったけれど、それでもできるだけ試合を見ていた。何か盗めるものはないかと目をこらしながら。

でも、実際に戦ってみなくてはわからないことはたくさんある。たとえば、ロナウジーニョはテクニシャンとして有名だけど、身体が鋼のように堅い。当たったときの痛さは、対戦してみないと実感できない。

中盤というポジションで長くプレーしているせいか、僕は、ゲーム中もピッチを俯瞰《ふかん》して見ている。チームの11人、相手の11人を感じている。その感覚は経験を積むことでだんだんと磨かれてきた。

だから、僕個人のことだけでなく、チームとして、ひとつの試合を経験したのちに、どういう風にその経験を活かせるのだろうかと考えることもある。

セルティックは、主戦場であるスコットランドリーグでは、ある程度余裕を持って戦える。スコットランドリーグのほかのクラブとの力の差があるからだ。だからこそ、チャンピオンズリーグで他国のクラブと戦うことは、セルティックにとって、様々な課題が見つかる貴重な時間となる。2年連続で決勝トーナメントに進めたことは、その課題を見つけ、取り組んだ成果でもあると思う。

セルティックには、スコットランド代表をはじめ、各国の代表選手が所属している。だから、練習からも学べることがたくさんある。

僕と同じポジションを争う選手からだけでなく、別のポジションの選手からも得られることがあり、僕にとって幸運な環境だと思っている。

周囲から見たらライバルでも、僕にとっては、争う存在ではない

98年に、初めて日本代表合宿に参加して以降、僕にとって、代表はたくさんの刺激を与えてくれる環境だ。国を代表して戦う国際試合は、日頃クラブで磨いていることを試す場でもある。そして、課題を与えてくれる場でもある。

もちろん日本代表においても、チームメイトから受ける影響は大きい。

ポジション争いを椅子取りゲームのように語る人がいる。確かに試合に先発する選手は11人と決められていて、それぞれにポジションがあるから、同じポジションの選手同士が、先発の椅子を競うことは事実だ。

そういう現状から、ライバルだと言われる選手がいる。

でも、僕自身にとっては、ライバルという感覚はない。ただ、〝周囲から何かと比較される選手たち〟という感じだ。

もちろん意識をしないといえば、嘘になる。でも〝争う〟ということではない。そういう考えではなくて、何かいいところがあれば、学ぼうという感覚に近い。

ライバルを意識するよりも、自分がもっと巧くなりたいという気持ちのほうが強い。ポジションが同じだとしても、選手それぞれのタイプもスタイルも違うから、ゲームの作り方も違う。同じトップ下でもプレーの仕方が違うからこそ、学ぶこともある。周囲がライバルだと呼ぶ選手も、僕にとっては他の選手と変わらない存在だ。

他人を妬んでいる人は伸びない

「監督が目指すサッカーをやっていく」という大前提のうえでも、選手の特徴は出る。

僕は、試合展開を見つつ、自分が動きながら、フォワードやボランチと絡んだり、サイドのスペースに顔を出してパスを受けたりもする。自分が目立つプレーよりもチームメイトにいいプレーをしてもらいたいと考えているから、そういう引き出しを持っている。

同じトップ下でも、僕とは違うタイプの選手もいる。身体が強くて、ひとりでどんどん打開できるタイプやドリブルで突破していくタイプがそうだ。

どのタイプの選手を使うのかは、監督次第。極端な話、A監督は僕のスタイルを認めても、B監督はまったく否定するかもしれない。僕みたいにポジションを移動させるプレーは、リスクが大きいと言うかもしれない。

〝今〟、〝その仕事〟に最適だと思う人（＝選手）を選ぶのが監督だ。

だから、チームには、いろんなタイプの選手がいるべきだと思う。それはどのポジションについても言える。

同じ仕事でも人それぞれやり方が違うから。

僕がこだわるのは、どんな強い相手と対戦しても、自分のスタイルでプレーできるかということ。

だから、違うタイプの選手から自分にないものを学びたい。いろんなことを吸収しながら、引き出しを増やしつつ、自分のやり方、プレーの質を高めようと考えている。

どんなポジションであれ、レベルの高いサッカー選手から、盗めるものはなんでも盗みたい。チームメイトであっても、敵であっても、テレビで見る選手であっても。

それはサッカーを始めたころから変わらない。ただし、自分の実力が伸びれば、盗む相手が変わり、観察する内容も、身につけることの質も、自然と変化していく。

トップレベルで戦っている人の多くが、そういう感覚だと思う。他人を妬んでいる人は、伸びない。自分の足りない力を分析せずに、他人を妬んでいても意味がないのだ。

第九節 妥協しない姿勢

大きな期待を背負ったときの、苦しさ

00年にJリーグでMVPをいただき、迎えた01年シーズンはあまりいいシーズンではなかった。チームも勝てないし、チームメイトに対してイライラしたり、自分自身のプレーもよくなかった。

MVP選手ということで、周囲からの期待も当然大きくなる。すごいプレーをしてくれるんだという期待、それくらいできて当たり前というプレッシャーがのしかかっていたのかもしれない。

そのうえ、故障や体調不良で空白の2カ月を過ごすことにもなった。

ロベルト・バッジオは、92―93シーズン、バロンドール（欧州年間最優秀選手賞）とFIFA最優秀選手賞を受賞した。しかし、その翌シーズンは苦しそうだった。4人の選手

を抜いてシュートを打っても、喜ばなかったシーンを、よく覚えている。きっとこういうときは喜べないんだろう。周りの要求が大き過ぎて、それに応えたいと思えば思うほど喜べなくなる。普通にプレーしているだけでは周囲は満足しないし、ちょっとでもミスを犯せば、ブーイングされる、という状況なのだ。

06—07シーズン、スコットランドリーグでたくさんのMVPをいただいた。01年の経験、バッジオのことなどを思い出し、07—08シーズンに挑んだ。

観客の反応が以前と微妙に違っていた。

セルティックパークのお客さんは、サッカーを知っている人が多く、いいプレーには拍手を贈ってくれるし、ため息がスタジアムを包むこともある。でも、このとき、かつて拍手を受けたプレーをしても、観客からの反応は返ってこなかった。

「僕への要求が高くなっているんだ」と感じた。

観客は僕を厳しい目で見ている。少しでも中途半端なプレーをするとブーイングが起きる。「お前はもっとやれるはずだ」という気持ちからのブーイングだ。

だからといって、観客を意識して、目立つプレーや目を引くプレー、ヒールキックだとか、距離があるのに、フリーキックで直接ゴールを狙ってみたり……ということをやり始めると、プレーの判断が狂ってしまう。そんなプレーを続けていれば、チームメイトとの関係も悪いものになる。

だから、周囲の期待を、うまく自分のなかでコントロールしながら受け止めることが大事だと思った。期待に応えたいという気持ちは自然と起きるものだけど、意識しすぎちゃいけない。批判も同じ。受け止めなくちゃいけないことは受け止めつつも、上手く流すことが必要だ。

ストラカン監督は、僕の立場を理解してくれていた。ある試合で、僕に対して観客からブーイングが起きた。そのときベンチから飛び出したストラカン監督は、スタンドへ振り返り、観客に対して「なぜ今のプレーにブーイングなんだ？」とばかりに、両手を広げてアピールしてくれた。うれしかった。

いくら自分自身が周囲の反応をコントロールしようとしても、チームメイトや監督までもが、サポーター同様に期待をかけてくることも、珍しくない。

だからこそ、プレッシャーを背負わされる立場であっても、自分自身を失わないタフさが求められる。もちろん、簡単なことではない。

それがわかっていたからこそ、僕は、ＭＶＰの授賞式でも笑えなかった。

左ひざの故障とどうつきあうか

07―08シーズンが8月にスタートした直後、左ひざの裏に違和感が生じた。痛みはあったが、プレーはできる状態だったので、セルティックでの試合はもちろん、9月の日本代表の遠征にも参加した。しかし、その後も痛みは取れず、逆に日に日に悪化しているような感じだった。プレーはまだできる。けれど、試合に出場し、前半は動けても、後半になると痛みが増して動きが鈍くなる。思うようなプレーができず、精神的にもイライラする。

プレーの質が下がっていることをいちばん強く感じていたのは、僕自身だ。それでもプレーを続けるときに必要なのは、「今はコンディションが悪いから、しょうがない」という覚悟を持つことと、痛みのあるひざとつきあっていく工夫をすること。今、できることとできないことを認識したうえでフレキシブルな状態を維持しなくちゃいけない。

柔軟な姿勢を持てず「痛いけれど、頑張らなくちゃ」と考えすぎると、プレーはもっと悪くなる。無理をして崩れていく。

これが骨折とか捻挫なら、プレーができないと諦めて、治療に専念するしかない。けれど、このときの僕の場合、痛みさえ我慢すればやれる、やっかいな故障だった。チャンピオンズリーグのグループリーグを戦っていたこともあり、休養をとる決断が下しづらい状況でもあった。

しかし、決断せざるをえなくなり、10月末から、08年1月上旬まで試合出場を見送った。完治までに時間を要したが、中途半端な状態で復帰はしないと決めていた。普段はできないフィジカルトレーニングを続けながら、リハビリ生活を過ごした。

1月の試合復帰以降、〝試合勘〟を取り戻すため、試合に慣れていく時間は必要だったが、プレーに対する怖さはなかった。リハビリ期間にハードなトレーニングメニューを消化したうえでの復帰。怖さや不安、ましてや痛みがある状態での復帰は考えていなかった。文字通り万全のコンディションで、戦列へ戻った。

「絶好調」にも「不調」にも、振り回されない

コンディションに良い悪いはあっても、僕は、「今、絶好調だ」とか、「調子がいい」という感覚を持つことはない。もちろん、結果が出続けたり、思うようなプレーばかりができる時期もある。

そういうときでも、「調子がいい」とは思いたくはないし、そういうコメントもあまりしたくはない。

浮ついた気持ちを持ちたくないからだ。調子がいいと感じてしまうことで、満足するのがイヤなんだ。

「もっとやらなくちゃいけない」という欲が薄れてしまうことが、僕は怖い。

大きな試合で勝ったり、自分のプレーへの満足度が高い試合のあとは、いい気分にもなる。けれど、あまり喜びすぎたり、浮ついたことを口にすることはない。

もちろん勝敗も重要だし、それもまた目標へ近づく過程において必要なことだ。

けれど、もっとも大切なのは、自分の目標をブレさせないこと。

試合結果に対して、喜び過ぎたりすると、どこかで油断してしまい、目標へ向け、やるべきことが、ブレてしまう。

また、試合に敗れたり、ひどいプレーをしてしまったときも、同じだ。

反省はしても落ち込み過ぎないようにしなくちゃいけない。

「しばらく、サッカーをやりたくない」と感じるほど、落ち込んだとしても、気持ちを切り替えるように仕向ける。モチベーションを下げたまま、練習をしても意味がない。

落ち込んでいる時間はもったいない。

ふてくされている時間ほど、無駄なものはない

試合に起用されるされない、といったことをはじめ、自分の考えるように物事が運ばない現実と直面することも多々ある。

しかし、そこでふてくされてしまうのが、もっともいけないことだ。

僕自身、中3のときにそれを経験しているし、チームメイトのなかにもそういう選手を見ることがある。そんなとき、「もったいないな」と感じる。

ふてくされる時間が一番無駄だ。その時間が生み出す〝いいこと〟なんて、何ひとつない。精神的にイライラしていると、プレーの質も下がり、あっという間に、チームメイトに追い抜かれてしまう。悪循環という言葉通り、悪い方向へと転がっていく。

そして、一度落ちたプレーの質を建て直すためには、たくさんの時間が必要となる。

もちろん、落ちすぎた気持ちを再び高めるにも時間はかかる。

気持ちを回復させようと、努力を始めたときに、「ふてくされた時間」がもったいなかったな、と思っても、実はもう遅い。

不満を口にすることまでは、否定しない。誰だって文句を言いたいときくらいある。

大事なのは、言ったあと、すぐに気持ちを切り替える術を持つこと。

サッカーを忘れて1日オフを楽しむとか、家族と過ごすとか、その方法は人それぞれ違うだろう。だから、自分のやり方を見つけておけばいいと思う。

目標さえブレていなければ大丈夫。その目標のために何が必要なのかを考えればいい。

たとえば、大会の優勝を目標に掲げていたのに、トーナメントの途中で敗れてしまったとしたら、次の目標へと切り替える。

大会優勝の先に見つめていた目標があれば、次の目標へ向けて、新しいスタートをするために、切り替えることができる。

だからこそ、試合結果やその内容に一喜一憂せず、常に冷静な目で自分自身を見つめ、現実を知り、未来を察知しなければいけないと考えている。

「行動で、見せる」ことの影響

〝選手〟というのは、〝選ばれた人〟という意味でもあるわけだから、僕らサッカー選手は、常に、監督や周囲の〝評価〟にさらされている。考えてみれば、人間は誰もがそうなのかもしれない。数字や結果での評価もあるけれど、人間性に対する評価もある。

そういうとき、多くの人が〝見たままの情報〟を重要と考えてしまいがちだ。

だが、試合中、常に声を出して、周囲を叱咤している選手が強いリーダーシップを持っているとは限らない。黙々とプレーしていてもチームを牽引する存在となる選手はいる。練習や試合中に声が出ていないから、覇気がないと評価されることがあっても、実は高い闘争心を持って、試合に挑んでいる選手もいる。

闘争心を周囲に認知させる術を持つことも、評価を得るためには必要なのかもしれない。「頑張っているのに認めてもらえない」と不満を持つ前に、監督にその姿勢や思いが伝わっているのかを考える。伝えたつもりでも、伝わらなければアピールにはならない。

以前、マリノス時代に、見た目が派手な後輩がいた。いわゆる〝遊んでいる〟と思われてしまうタイプ。ちょっとでも練習中に気を抜けば、〝遊んでいるから〟と評価されてしまう。〝真面目〟だと評価される選手と同じことをしても、派手な見た目が評価に悪影響を及ぼすこともある。

わかりやすい情報だけで、人を評価したり、判断するのはくだらないことだとは思うけれど、それが世間というものかもしれない。

だからその後輩には「損をすることもある」と話した。だからと言って、外見を変えろとは思わない。ただ、そういう現実を理解せず、評価してもらえないと不満を抱えているのはもったいない。

逆に、懸命な姿勢を表現できれば、見た目とのギャップもあり、監督を驚かせる結果にもなるはずだ。

心に秘めた思いは、行動や言葉で表現しないと、伝わらないことがある。特に言葉が違う海外では、行動で表現するしかない。

行動し、見せることで生じる影響の大きさを、ヨーロッパに来て再確認した。

意識したことを表現するためには時間がかかることもあるが、意識することで、行動が変わってくる。

僕にとって、「意識し、行動を変えること」は、プレーを進化させるうえで重要なことだけれど、普段の生活でも同じだと思う。

「見た目のイメージで人は判断するもの」と意識すれば、自分のプラスになるよう、行動も変わってくるはずだと思っている。

観察して、空気を察知して、自分の失敗を最小限に抑える

よく、第二子は第一子よりも要領がいいと言われる。第一子という先輩の行動を見て、

何をすれば親が喜び、何をすれば怒られるかを観察しているからだと。

4人兄弟の末っ子として生まれた僕にもその傾向はもちろんある。それは家庭内に留まらず、チーム内でも活かされていて、僕は常に周囲を観察している。そして空気を察知している。こういうことをすれば、どうなるのか？　チームメイトや周囲の選手たちを観察し、情報を集める。集めた情報はサッカーノートに記す。こうして、膨大な情報、そして、経験を重ねてきたから、変な失敗をして、「あの時間がもったいなかった」と感じるようなことも少なくなった。

準備をしないまま飛び込んで失敗しても、それはそれで、何かを得られるのかもしれない。でも、用心深いのも、自分の性格だからしょうがない。

無駄を最小限にするための思考回路

プロになってから、オフは1カ月くらいしかない。

しかもチームの練習が始まる前の自主トレ期間や代表での活動もあるので、サッカーから離れられる時間は1週間か長くても2週間。貴重なオフを充実させるため、予定を組み立てる作業が重要となる。

ただ漫然と時間を過ごすのはもったいない。もちろん、温泉へ行き、のんびり過ごす時間もある。それも含めて、計画を立てる。

地元横浜で過ごすと決めたら、横浜でやるべきことを、その日に全部やり終えたいと考える。食事に出かけたときに、混《こ》んでいるから待たなくちゃいけないという時間がもったいないから、予約する。

そういう計画を立てる作業も楽しい。いかに無駄のない動きをするか……という視点でプランニングする。

ちなみに、今までのオフの記録も、全部サッカーノートに書いてある。忘れてしまうともったいない。過去のデータを残しておけば、参考になるから。

とにかく僕は、時間を無駄にはしたくない。

予定を立てるのはサッカーも同じ。

目標を掲げて、いかにそこへ向かうのか？　課題をどのようにクリアするのか？　ひとつひとつ積み上げていく作業だ。

試合に向けて毎日をどのように過ごせばいいのかを、想定する作業も同様だ。

「その思考経路は、プラモデルを作るのと似ているね」と言われたことがある。出来上がりを想定して、計画を立てる……という意味では同じかもしれない。

未来に活かすことができれば、どんな失敗でも「成功」だ

「日本人選手がヨーロッパで成功するために」という記事をよく見かける。そういう記事では、試合に出たから成功で、出場時間が短いから失敗と結論づける人が多いこともある。

だが、僕はその考え方には同意できない。

成功だったかどうかなんて、引退してから考えることだ。もしかしたら引退してもわからないかもしれない。死ぬ直前ですら、成功だったか失敗だったかなんてわからないかもしれない。

どんなことであっても、大きな目でみれば「失敗はない」と思っている。確かに、〝その瞬間〟〝ある時期〟は、失敗だったと思うかもしれない。でも、それを次へ活かすことができれば失敗にはならない。

〝失敗〟にならないよう、〝その後の未来〟のため、必死で頑張るのだ。

イタリアでの2年目、試合に出られなかったときも、逃げることなく、しがみついた。その経験が今の僕を作っている。

試合に出られれば最高だし、試合に出なくては学べないことも多い。でも、たとえ試合出場が叶わなかったとしても、100％の力でやったのであれば、全部成功だ。成功とは、そういうことだと思う。100％一生懸命、力を尽くすことができれば、成功となる。

セルティックではたくさん結果が残せた。

しかし、結果は出なかったし、陽も当たらなかったけれど、イタリア時代のほうが、壁が多かったぶん、実は、伸びることができたと思う。

出場数やゴール数、立ったステージの高さで、成功かどうかは語れない。

10年前に掲げた目標や、子どものころの夢が叶えば、成功というわけでもない。

目標や夢は、ひとつじゃない。現状を察知し、軌道修正を何度繰り返してもいいはず。どんな環境や立場であっても、100％の力で戦うことが成功へ繋がる。

厳しい現実のなかで、自分を知り、懸命に生きることが大事なんだ。

今の自分にできることを、手を抜くことなくやった、という実感を持てる毎日を過ごすこと。簡単そうに見えて、これが難しい。なぜなら人には甘えがあるから。

「これでいいだろう」と思ってしまう瞬間。僕はそれが怖い。

なりたい自分になるため、100%で生きることができれば成功だと思う。

成功か失敗かなんて、誰にもわからないし、誰にも決められない。

今の僕に、自分が成功しているという気持ちはない。ただ、成功させたいと願い、毎日を100%で生きようと努めている。

今死んでしまっても、悔いはない

ある取材で、サッカー選手として、誰にも負けないことは何かと聞かれた。

「妥協しない姿勢」

僕はすかさず応えた。そして、思った。

「今、突然サッカーができない身体になっても、極端な話、今死んでしまっても悔いはないな」と。

もちろん、家族のことを考えれば、そんな風には思わないけれど、サッカーに関しては、悔いはない。

それは、毎日を100%、妥協しないで生きているから。

当然、「こういうプレーの選択肢もあったな。そうすれば上手くいったはず」と反省することはある。でも、手を抜いてしまったとか、そういった自分に対する罪悪感はない。

やり残してしまったという感覚もない。

その日にできる最善のことを、それがたとえ一番キツイことであっても、100%でやっている。

そんな毎日を過ごし、妥協してこなかったから、今の自分がある。

妥協しない姿勢は、僕が接したすべての選手、外国人選手であっても、誰にも負けない。

〝達成感〟を持つなんて、怖くてできない

「中村本人も、帰国へ気持ちが傾いてきている。昨季はスコットランドリーグMVPに輝き、今季もチャンピオンズリーグ・グループリーグで、世界王者ACミランを撃破した。達成感を得て、欧州でのプレーに区切りをつけたいとの思いが生まれた」と、以前、僕のJリーグ復帰に関するこんな記事があったと聞いた。

僕は〝達成感〟を抱いたことはない。過去も現在も。そして多分未来も。

達成感を持つことは、怖くてできない。

中3のとき、試合に出られることに満足し、いい気になって、チームのサッカーが変わ

ったことも察知できず、自分のやりたいプレーをし続けて、先発落ちした。なぜ、メンバーから外されたのかを分析できず、ふてくされ、マリノスのユースに上がれなかった。

あの苦い経験がある僕は、満足感すら持つことが怖い。

だから、達成感を得るなんてことは未来永劫、ない。これは習性なんだ。

そんな気持ちになることは、怖くてできない。

第三章

「察知力」を活かして未来へ進む

第一節　僕にとっての日本代表

常にある「日本を強くしたい」という思い

07―08シーズンのチャンピオンズリーグ、決勝トーナメントの抽選前に、僕は「バルセロナと戦いたい」と話していた。そうしたら、見事、第1戦でバルセロナと戦うこととなった。

攻撃的で、個人能力も高いバルセロナの試合は、映像でよく見ている。が、僕がずっと気になっていたのは、中盤の連動した動きだった。

数人の選手がポジションを変えながら、パスを繋ぎ、相手へプレッシャーをかけていく。個人の力で相手を崩すのではなくて、組織で崩していく。そのために、ボールのないところで、選手たちはどういう動きをしているのか？　ボールをもらう選手の身体の向きだとか、細かいことまではテレビではわからないから、対戦して知りたいと思った。

というのも、そういうバルセロナの戦い方は、きっと日本人にあったやり方だと感じていたからだ。

チャンピオンズリーグで、ヨーロッパのトップレベルのクラブと戦いながらも「日本代表だったらどうだろうか?」と考えることは多い。

17歳でユース代表に選ばれて以降、ずっと日本代表のユニフォームを着て戦ってきた。A代表でもすでに8年くらいの時間を過ごしている。〝代表〟は、特別なものということだけでなく、〝自分が所属しているチーム〟みたいな気持ちもある。だから、僕にとって、「日本を強くしたい」と考えることが、普通の感覚となっているのだ。

Jリーグでプレーしていると、国際試合を経験する機会は少ない。だからこそ、自分のレベルアップのために海外の強いチームと戦いたいという気持ちが自然と強くなったし、そのためには日本代表に選ばれたい……という思いが生まれ、その思いそのものが、大きなモチベーションでもあった。

僕がイタリアへ来たのと同じころ、ジーコ・ジャパンがスタートしている。

ヨーロッパへ移籍してからは、日本代表で国際試合を戦っても、Jリーグでプレーしていたときよりも、自分のプレーを出しやすくなった。クラブで毎日、外国人選手とプレーしているからだ。レッジーナは強いチームではなかったけれど、セリエAには、ACミラン、インテル、ローマ、ユヴェントス……と、レベルの高い対戦相手はたくさんいた。

試合後、「この相手と日本代表が戦ったらどうなるんだろう」と考えることも多かった。

そして、「どうすれば勝てるのか？　日本が強くなるために何が必要なのか」と思考をめぐらせた。

まったくいいプレーができなかったから、新しい課題を見つけた

ジーコ・ジャパンで印象的だった試合はいくつもある。

自分にとって転機となったのが、04年3月31日のワールドカップ・アジア1次予選。アウエイで行われたシンガポール戦だ。

イタリアでの試合を終えて、シンガポールに入ったのは30日の早朝。シンガポールの気温はイタリアとは20度近くの差があり、湿度もヨーロッパとは比べられないほど高く、さらに時差が、身体を重くしていた。

当時の僕は、レッジーナでも試合に出られなくて、壁にぶち当たっていた時期だった。だから、〝代表〟で自分のプレーを確かめたい、というか、自信をつけて帰りたいという

思いがあった。2月に埼玉スタジアムで行われたアジア予選の1次予選・オマーン戦でPKを外していたこともあり、シンガポール戦への思いは強かった。

なのに、まったくいいプレーができなかった。

その夜は眠れなかった。「このままじゃいけない」と、ひたすらいろんなことを考えた。「時差のある移動後、すぐに試合をするためには、どういう準備をするべきなのか？」日本代表のトレーナーの部屋で、朝まで「僕はどうすればいいのか」と相談した。そして、「レッジーナでのプレーについてももっと考えなくちゃいけない」と感じた。

こうして新しい課題を手にし、この失敗を取り返そうと決意した。

監督からの「何か」を待っているだけじゃダメだ

04年7月20日から、日本代表は中国・重慶でのアジアカップに臨んだ。海外でプレーしている選手でアジアカップに参加したのは、僕ひとりだけだった。

平均最高気温は35・4度、湿度86％という猛暑、さらに反日感情の高い重慶での大会だったが、予選リーグを勝ち進み、厳しい決勝トーナメントを制し、日本代表は優勝した。00年大会に続き2連覇。僕は大会MVPに選んでもらった。

僕自身、「シンガポール戦でのマイナスを取り返せた」と、自信を手にできた大会だったが、実は、ジーコ・ジャパンにとってもターニングポイントとなった大会だった。負けそうな試合で逆転勝利したり、苦しい思いをしながら大会を勝ち進んだりすることで、チームは団結した。試合に出られない選手たちが悔しさを隠しながらチームを支えてくれたことも大きな力となった。

そして、このときに、3―5―2というジーコ・ジャパンのベースが築けた。選手個々が抱えていたチームの課題を、1カ月間の大会で徐々に解決することもできた。監督からの〝何か〟を待っているだけではダメだということを知った。自分たちが自発的に動くことが重要だということ、しかもチームがひとつとなり、〝集団〟として戦えば勝てるということを学べたと思う。

その後、チームはアジアカップのメンバーをベースにし、ワールドカップ・アジア最終予選へと向かっていく。

ジーコ監督は、自分自身が選手だったからだと思うが、1度ミスをした選手であっても1回で見限ることが少ない。2回ミスをしても3回目のチャンスを与えた。自分で取り戻せというメッセージだったと思う。

しかし、練習中に気の抜けたプレーをすると、スパッと選手を入れ替えることもあった。先発組と控え組での紅白戦で、先発組の選手に覇気がないと見ると、活きのいい控え組の選手を抜擢した。そう考えると、試合中のミス以上に練習中の姿勢を問うのがジーコ監督のスタイルだったように思う。だから、油断なんてできなかった。

「通用しなかった」と思える試合の価値

ワールドカップ・ドイツ大会を前に、いろんなことを考えていた。

まず、このワールドカップは、日本代表、日本サッカーの課題がはっきりと見える大会になるだろうということ。ジーコ監督はそのポジションのスペシャリストを集めて、選手それぞれが自分の能力を発揮しやすいチームを作っていた。自分たちのプレーをそのまま世界の舞台へぶつけることができる今大会では、いいことも悪いことも明確になるはずだ。

予選リーグで対戦するチームの選手たちは、ヨーロッパの厳しい環境で戦っている。オーストラリア、クロアチア、そしてブラジル。どの国も難しい相手だ。

05年のコンフェデレーションズカップで、日本はブラジルと引き分けたが、あの大会は参考にならないと思っていた。ワールドカップでは違う、と。

ジーコ・ジャパンは、選手が持っているスキルを出しやすいチーム。だからこそ、選手の力を重ねて、厚みが出れば、強い相手とも戦える。ただ、選手が、自分のプレーだけを意識したら、簡単にやられるだろう。

だから、僕は、選手が協力し合う意識と運動量が必要だと思っていた。

小さな魚が集まって、大きな魚（ボールを持った相手選手）を退治して、また次の場所へ移動する……。簡単に言えば、そういうイメージだ。

僕個人としては、大会が終わったときにたくさんの課題を見つけたかった。今まで感じていたことを再確認することもあるだろうが、できれば、「新しい課題」を見つけたいと思っていた。これまで気がつかなかった短所を知ることができれば、新しい引き出しを増やせるから。

31歳でワールドカップに出場する

1分2敗でワールドカップ・ドイツ大会は終わった。

ずいぶん経ってから、試合を見直した。

悪い試合をやっていたわけじゃなかった。

引き分けたクロアチアには、ドイツのトップクラブで戦っている選手がたくさんいたのだから。確かに、勝てた試合だったのに、と思う人もいるだろうし、何かやってくれるだろうと期待していたサポーターが不満を抱くこともあるだろう。日本代表は覇気が無かった、と感じた人もいるだろう。

しかし、あの結果が06年ワールドカップにおける日本の〝力〟だったと思う。

今後につながる大会ではあった。

所属クラブで結果を残している選手を招集して代表チームを作るのは、選手にとってもプレーしやすいし、力も発揮しやすい。

けれどそれだけでは、日本代表が、自分たち以上のレベルを持つ相手に勝つのは難しい。やはり、チームとして質の高い動きが絶対必要だ。たとえば1対1の場面で、サポートしてくれる味方選手がいなければ、突破するのは難しい。

選手全員が試合の空気を読んで、察知しながら的確なポジションをとり、連動し、しっかりと走れていたら……。ドイツでの結果も違っていたかもしれない。

選手の力はあった。

足りなかったのは、察知力であり、連動性だと、確信した大会だった。

しかし、僕個人としては、体調不良で100%の力を出せなかった空しさがあった。勝利に貢献できなかったという悔しさも。

ワールドカップが終わり、僕はグラスゴーへ戻った。新加入選手も多く、厳しいポジション争いのなかへ身を投じた。そして、出場が決まっていたチャンピオンズリーグへ向けて、準備を始めた。

チャンピオンズリーグで、世界レベルの相手との戦いを続けていけば、また課題も見つかるし、引き出しも増やせると思うと、自然と気合が入った。

2010年のワールドカップ・南アフリカ大会へ向け、新たな気持ちでスタートを切った。

2010年、僕は31歳になっている。

ドイツ大会では、ジダンをはじめ、多くの30代選手が活躍していた。確かに20代のときと比べたら運動量が落ちているかもしれないが、判断力や豊富な経験で、彼らは若手を上回る仕事をしていた。

そんな彼らのように、2010年の大会を戦えるよう、新しい引き出しを増やし、開ける引き出しを選ぶスピードをさらに上げ、総力を大きくしていく作業を追求していこうと思っている。今までどおり、そして今まで以上に。

日本代表に選ばれなかった時期の過ごし方

06年7月、ジェフ千葉の監督を務めていたイビチャ・オシムさんが日本代表監督に就任した。しかし、オシムさんはなかなかヨーロッパでプレーしている選手を代表へ招集しなかった。

その理由として、日本へ帰国するときの移動や時差などのコンディションのことだけでなく、所属クラブでのポジション争いに悪影響が起こる可能性など、帰国することのデメリットを語っていた。

結局07年3月まで、僕は代表へは呼ばれなかった。

ジーコ・ジャパンでの4年間は、『リーグ戦を終えると、飛行機に乗り、帰国。月曜日に到着し、水曜日に代表戦を戦い、週末にはイタリアでリーグ戦を戦う』というスケジュールを何度となく消化していた。そのために必要な準備を行い、代表に備えていたから、シンガポール戦と同じ失敗をすることはなかった。

しかし、オシム・ジャパンになってからは、帰国することもなくなったので、クラブでの試合に集中できた。

日本代表の試合の多くは、〝国際Aマッチデー〟に行われる。

世界各国でリーグ戦が行われている間は、代表の試合や強化合宿などを行うことが難しい。そこで、FIFAがあらかじめ1年に数日の国際Aマッチデーを決め、各国リーグ戦を行わないようにしたのだ。

だから、国際Aマッチデーは、世界中で代表戦がある。

セルティックには、各国の代表選手が多く所属しているため、国際Aマッチデーの前は、練習する選手の数は激減する。そうなると、練習が数日間オフになることも多い。

何度かそんな機会があって、そのうちの数回、僕は休暇のために帰国した。

温泉へ行って、骨休めをしながら、日本で行われている代表の試合をテレビで見ることもあった。なんだかとても不思議な気持ちだった。

代表への思いは募っていた。しかし、選ばれないものは、しょうがない。

監督にはいろいろな考えがあり、戦術があり、それに合わせて選手を選ぶ。それはわかっている。けれど、どんな理由であれ、「今回は代表に入っていないけど、まあいいか」とは思わなかった。

とにかく、与えられた場所、クラブで頑張るしかないと思った。

日本代表は、僕にとって重要なチームだ。

代表でプレーすれば、いろんな経験ができる。国際試合の経験を積み重ねられる、というだけじゃない。代表チームを形成していく過程を体験できるし、代表が目指すサッカーのもとで、自分の色を出していく、という作業によって、いろんな引き出しが増やせる。

自分が巧くなるためには、どんな体験でもしておきたいんだ。

自分の感覚とは違うサッカーに挑戦することで進化できる

07年3月、代表に招集され、ペルー戦で先発した。

2日間の練習を経ての本番。やらなくちゃいけないことがたくさんあった。

監督のサッカーを知り、そのなかで自分を表現すること。さらに味方を活かすことも考えた。多くの代表選手が、今まで一緒にプレーしたことのない選手たちだった。今後そう何度も代表に参加できるわけじゃないから、自分の存在を証明したいとも思った。

しかし、自分のプレーを出しすぎるのは得策じゃないとも感じた。

まずは、監督が思考するサッカーを察知すること。そして、何を僕に望んでいるのかを考えた。今回、オシムさんはなぜ僕を招集したのか？　セルティックでのプレーを見、それを評価して呼んでくれたのだから、セルティックでのプレーをすればいいはずだ。

セルティックでは右アウトサイドでプレーしている。セルティックのサッカーは、攻守にわたり、選手それぞれのプレーエリアを意識したサッカーだから、攻撃だけでなく守備への意識も求められる。自然と僕の走る距離も増えた。

代表でも同じ意識で「走ろう」と思った。

結果、僕のプレースキックから2ゴールが決まり、勝利できた。自分のプレーをするというよりも、周囲にあわせるという気持ちが強い試合だったが、手ごたえはつかめた。

6月のキリンカップを経て、日本代表は7月にアジアカップへ出場した。

前回大会に負けず劣らず、高温多湿のベトナムでリーグ戦を戦った。

連日40度近い気温のなかでの大会は、サッカーの大会としては異質だ。いいサッカーを求めても結果が伴わないこともある。オーストラリアのようないいチームでも力を出せないケースもある。

日本は4位で大会を終えた。周囲から期待の大きかった〝3連覇達成〟は成せなかったが、収穫は多かった。

1カ月間の大会。試合数も多いし、練習時間も重ねたので、チームメイトやオシム監督のサッカーを知るうえで貴重な時間を過ごせた。

僕自身は、自分の感覚でプレーするだけではなく、新しいサッカーに飛び込もうという意識を持って臨んでいた。自分の感覚とは違うプレーをすることもまた、僕自身が進化し、巧くなるために、プラスの作業となる。

〝監督に怒られないようにしている〟だけじゃ、成長しない

「今なにをするべきか？」——サッカーのプレーに、決まった答えはない。

選手は、たくさんの選択肢を頭のなかでイメージし、そのなかから何を選んでプレーするかに、選手のセンスが問われるのではないだろうか。

柔軟な思考を持ち、優れた状況判断をする力を、オシムさんは選手に求めていた。

ある時期、何度もサイドチェンジを繰り返し、ゴール前の相手ディフェンダーの注意を分散させながら、フィニッシュへ持ち込むという練習を繰り返した。

しかし、間違えてはいけないのは、監督はそのやり方だけで試合を戦えと言っているわけじゃないということ。

パスではなく、シュートを選んだが、ゴールが生まれなかったとき、監督は「フリーの選手がいたのに、なぜ彼へパスを出さなかったのか?」と怒鳴る。しかし、それは選手を非難しているのではなく、「シュート以外の選択もある」という意識づけを行っているに違いない。フリーの味方がいても、シュートを選択し、それが成功すれば、うれしそうな表情をしていた。

そういう監督の意向を察知できず、怒られないようにと、言われたことだけをやっていたのでは、チームとしても選手としても進化はしないと思う。

もちろん、監督の求めるプレーを忠実にやる、という意識も必要だ。けれど、土台ができあがったら、そこから先には、選手の〝強引さ〟が必要となる。僕はそれを、アジアカップ終了後に感じた。

僕自身も含めて、チームメイトにも、ちょっとした強引さが必要だと。

そのためにも、チームメイトとの関係を強くして、コンビネーションのパイプを太くしていきたい。

すべてを見抜いていたオシム監督のチーム作り

サイドチェンジを繰り返し、攻撃をやり直すというオシム・ジャパンのスタイルに違和感を抱く人もいたはず。ペナルティエリアへ入ったら、個人技で突破したほうが、効果的な場合は多いし、ヨーロッパの選手だったら、まずそういうプレーを選択する。

アジアカップ後、マスコミでも〝個人技〟や〝個〟の力が必要だという声があがった。個人技が必要なことくらい、オシムさんはわかっていたはず。それでも、オシムさんは、個人技に頼らないチーム作りをした。

「世界の強豪相手に、個人技で勝負して、止められたら、そのあとどうするんだ？」ということなのかもしれない。実際、イタリアのディフェンダー相手に1対1で勝てる日本人は少ないだろう。

だからこそ、「組織で相手を崩すためには、集団でパスを廻し、ゴールへ迫る形をチームに根づかせよう」と、オシムさんは考えていたのだろう。組織で崩す形を作り、それを土台として、そこに選手の強引さ（個人技）が加わればおもしろくなると思った。

本当に、サッカーを知っている監督だと思った。

同年9月、オーストリアへ遠征し、オーストリア代表とスイス代表と対戦。1勝1敗という結果を残した。日本の組織力が発揮できた大会だったと思う。

この遠征も、僕にとって、貴重な材料となった。

特に、スイスは、ワールドカップ決勝トーナメントに進出するほどの力を持っている。試合前半、強いプレッシャーでスイスは日本を苦しめた。そういう状況で、チームメイトがどういうプレーをするのか？　そこから得るチームメイトの情報はたくさんあった。レベルの高い相手との対戦のなかで、あの選手はこういうプレーを選ぶのかといった情報が得られれば、それに応じて、次のプレーをイメージすることができるから。

日本のサッカーが勝つために必要なのは、連動性だ

ヨーロッパでプレーしながら、日本代表に絶対必要だと感じていたものは、連動性だ。

そしてワールドカップ・ドイツ大会で「選手全員が試合の空気を読み、察知しながら的確なポジションをとり、連動し、しっかりと走る」サッカーが必要だと再確認した。

〝個人〟のアイディアや、強引なプレーを交えつつ、チームの連動性を高めていけば、いい代表チームができると思った。

連動性を高めるには、選手それぞれが空気を読み、お互いを察知し合うことも必要だ。

技術や戦術だけでなく、それにプラスして、察知力で連動性を詰めていくことで、日本

は世界と戦えるようになる。

オシム・ジャパンには、「高い察知能力」「臨機応変に対応できる機動力」を持った選手が多いと感じた。「サッカーを知っている」選手が多い、ともいえる。守備でも攻撃でも味方をサポートできるし、ボールのないところでどう走るべきかという意識も強い。

オシムさんが選んだのは、攻撃だけできる選手や守備だけできる選手ではなく、あらゆる仕事を厭わない選手だ。「ポリバレント」を選手選考のキーワードにしていたオシムさんのサッカーは、僕が考える「日本が世界と戦うために必要なサッカー」と似ていた。

オシムさんが病に倒れたと知ったときは本当に驚いた。が、現在、元気な姿でスタジアムにも足を運んでいると聞き、とてもうれしく思っている。

厳しいときこそ、チームの団結を

ワールドカップ南アフリカ大会のアジア予選が始まっている。

ワールドカップ予選というのは、独特な難しさがある。同じアジアといえども、東アジア、東南アジア、中東、中央アジアと場所によって、気候も文化も大きく違う。日本から中東へ行くには、ヨーロッパへ行くのと同じ移動時間が必要だ。中東へはヨーロッパからのほうが短時間で行けるくらい、日本からは遠い。もちろん時差もある。

アジアのサッカーは、ヨーロッパや南米のサッカーともまた違う。日本相手だとゴール前を固めてくるチームも多いし、そういう国との試合では、攻めあぐねてしまうこともある。また、鋭いカウンター攻撃を持つチームもある。

中東の国には、アフリカの選手に似た、高い身体能力を持つ選手もいる。最近では、南米やアフリカからの帰化選手も増えた。

対戦国のＦＩＦＡランキング（ＦＩＦＡが制定する各国のランキング）で見れば、大きな差があったとしても、日本が勝利を掴むことは容易ではない。

ドイツ大会のアジア予選シンガポール戦がそうだった。なぜかチームが機能しなかった。25本のシュートを打ちながら、2点しか取れなかった。高温多湿ということだけが、その原因ではないだろう。

また、最終予選のアウエイのイラン戦では、同点に追いつきながらも、75分に失点し敗れた。後味の悪い試合で、チームの空気が悪くなった。そして、アウエイのバーレーン戦は絶対に負けられないという状況だった。大きなプレッシャーを背負い、ピリピリした雰囲気がチームに漂った。戦い方について、選手間の意見がまとまらず、練習中に激しい口論をするシーンもあった。

ジーコ・ジャパンでも、そういうときは選手だけでミーティングを行った。厳しい状況を乗り越えるためには、チームが団結することが大事なのだ。

前代表では、年上の選手が多かったけれど、今の代表では自分が年長の立場となるだろう。だから、新しい仕事・新しい役割もあると自覚している。

強いプレッシャーにさらされて、チームの空気が悪くなりそうだと察知したら、ミーティングを開いて改善するような、経験を積んだ選手としての役割も果たしていきたい。

すべてが日本を強くするための作業であり、同時に自分を進化させる作業だと思うから。

第二節　ベテランの価値

何をきっかけに僕は引退するのだろう

今年、僕は30歳になる。

僕がマリノスに加入したとき、井原さんがちょうど30歳くらいだった。だから、今の自分と当時の井原さんとを比べてしまう。20歳になったときは、加入当時21歳だった（川口）能活さんと比べた。それくらい、プロになったときの先輩のことは強く印象に残っている。比べるのは人間性だ。

当時の井原さんと比べたら、今の僕はまだまだ子どもだな（笑）。

〝サッカーノート〟に、短期、中期、長期と目標を記すけれど、今は、10年以上先のことは考えていない。

40歳でもプロでプレーを続けている選手はいる。カズさんは40歳を超えているし、中山雅史さんも40歳になった。

同時に30代半ばで引退する選手もいる。というか、こっちのほうが断然多い。

何をきっかけに引退を決意するのかは、人それぞれだと思う。

年齢を重ねれば、当然、20代のころと同じプレーはできなくなる。そういう自分を見せたくないからと、早くに引退を決意する人もいる。

僕自身は、いったい何をきっかけに引退をするんだろうか？

まったくわからないし、引退のタイミングについて考えたくない。引退から逆算して今すべきことを考える、という思考は持ちたくない。そういうことはイヤだ。

でも、30代の選手が戦力外と見なされたニュースが日本から届くたびに、30代の自分について考えてしまうのも事実だ。

ベテランには、若手にはない豊富な経験がある

Jリーグのクラブとヨーロッパのクラブでは、ベテランに対する評価が違うと感じることは多い。

年を重ねれば、身体的な能力は必ず低下する。疲労の回復速度も遅くなる。だから、若

い選手と比べれば、走るスピードは劣るかもしれない。運動量でも差が出るだろう。けれど、ベテランには積み重ねた経験がある。スピードは落ちても、質の高い動き、無駄のない動きができる。試合展開を読む能力も高い。もちろん、ゲームの流れをコントロールできる。精神的な安定感を持ち、プレーも安定している。チームメイトを鼓舞し、チームを牽引する存在感がそなわってもいる。

目に見えないそういう能力は、経験を重ねないと身につかないものだ。だからこそ、貴重なクラブの財産でもある。そう考えるヨーロッパのクラブは、戦力としてのベテランの使い方を心得ていると思う。

それがわかっているから、ベテランの持つ経験に高い年俸を払うことも厭わない。30代半ば以降の選手たちがヨーロッパでは数多くプレーしている。クラブでは、彼らの存在をリスペクトし、若い選手への影響力に期待する。ヨーロッパとJリーグとではクラブの経済力に違いがあることが原因なのだろうか？

Jリーグでは、走力や運動量の低下を理由に、ベテランを戦力外と判断するクラブも多い。年齢を重ねたぶん、年俸も当然高い。経験豊富な選手を指揮することは監督にとっても、大変なのだろうか？　運動量が豊富で、年俸の低い若手を起用したほうが、クラブ経営にとってはプラスという判断なのだろうか？

クラブが下した決断の理由はわからないが、30歳になったばかりの選手が、その年齢を理由に戦力外通告されるケースがあまりにも多いことは、非常に残念だ。

僕自身、ベテラン選手から、学んだことはたくさんある。そういう選手がチームにいることの重要性を理解している。だからこそ、そういうベテランになりたいと思う。

自分の力を知り、ミスをしないこと

06―07チャンピオンズリーグ、ホームでのマンチェスター・ユナイテッド戦。僕らは前半を0―0で終えた。ハーフタイム、チームメイトたちは、大きな疲労感を背負っていた。0―0とは言え、試合内容は圧倒的にマンチェスター・ユナイテッド・ペース。精神的にも疲れ、しょんぼりした空気がロッカールームに漂っていた。

「お前らは間違っている」

キャプテンのレノンの声が響いた。

「なにを落ち込んでいるんだ。考えてみろよ。ユナイテッド相手に俺らは引き分けているんだぞ。世界のビッグクラブのひとつと引き分けているんだ。落ち込む必要なんてない。

相手にボールを廻されるのは当たり前だろ。このまま、俺らが踏んばっていれば、相手は焦るぜ。『セルティック相手に0—0』だと、ユナイテッドは追い込まれていく。そのうち、こっちにも点を取るチャンスは絶対に来る。それまで、ユナイテッドにしがみついていけばいい」

レノンの言葉にチームメイトの顔がパッと明るくなった。そして後半、僕のフリーキックが決まり先制すると、残りの時間は防戦一方。激しいマンチェスター・ユナイテッドの攻撃から、身を挺して、ゴールを守り続け、僕らは勝利したのだ。

レノンは、いわゆる闘将タイプの守備的ミッドフィルダー。71年生まれで、元北アイルランド代表。マンチェスター・シティーなどイングランドでプレーしたのち、00—01シーズン途中からセルティックに在籍している。

たとえば、選手間の意思が上手く通わず、パスが合わず、試合中に味方同士が言い合いになるようなシーン。「お前らの言い合いなんて、聞きたくねぇ。さっさと次のプレーに集中しろ！」とレノンの怒鳴り声がピッチに響く。グラウンド内の指揮官として、戦術的にもメンタル的にもチームをまとめていた。

選手としては決して器用なタイプではなかったし、恵まれた身体能力を持っていたとも言えない。なのに、生き抜いている。なぜだろうと思い、見ていると、ミスをほとんどしない選手だった。自分の力を知り、それに応じたプレーを選択する。そして、サッカーを熟知しているうえに、空気を読む高い察知能力もあった。だからこそ、ミスがないのだ。

06―07シーズン当初、新戦力選手が起用され、試合に出られないときでも、レノンはチーム練習以外の時間、ジムでガンガン走っていた。35歳にもなって、まだ自分を追い込み、鍛えようとしている姿勢に驚いた。高い意識を持ち続けているからこそ、彼は生き残ってきたんだと思った。

「年を取っても、チームに必要とされる選手というのは、こういう選手なんだ」と感じた。生き抜くための術を知っているし、引き出しの数も多い。強い精神力もあり、闘争心、統率力もある。本当にプロフェッショナルだと感じさせてくれる存在だった。

レノンのことは、プレーだけでなく、発言や態度についても、見ていた。強い信頼の絆をチームメイトと結んでいるキャプテンだったから、いろいろと勉強になった。一緒に過ごせた時間は、僕にとって貴重な経験だ。

06―07シーズン終了後に移籍してしまったレノンだったが、08年春、コーチとしてセルティックへ戻ってきた。

年齢を重ねても、第一線で生き抜く術

年齢を重ねることで、身体能力が衰えるのは当然。だからこそ、それを補う引き出しを準備しておくことが必要となる。

ベテランと呼ばれる立場になると求められる仕事やプレーの質も変化するに違いない。新たなポジションでのプレーを要求されることもあるだろう。何を求められているかを察知し、それに適応する能力もまた〝生き抜くための術〟だと思う。

ベテランが自身の〝経験〟を若い選手へ伝えようとしたとき、チームメイトと強い信頼関係がなければ、伝達の作業もうまくできないはずだ。

だからこそ、人間性や人としての器の大きさという引き出しも重要となる。〝経験〟という武器を活かすための引き出しは、ベテランには欠かせない。

ヨーロッパだけでなく、Jリーグでプレーしているベテラン選手たちからも多くを学ぶことができる。

たくさんの引き出しを持つベテランは、チーム状況や監督の意図を察知しながら、生き抜く方法を知っているし、あらゆる状況に対処できる力が備わっている。

自分がこれから先、どういうベテランになっていくのか？　いつまでもチームに必要だ

と思ってもらえる選手でいるためには、何をすべきか？　ということをときどき考える。その準備も大事だと思っている。

それは、イタリアへ移籍したときにした作業と同じなのかもしれない。どうイタリアのサッカーや環境に馴染み、順応できるかを考え、そのために自分にはどんな新しい力が必要なのかを察知しようと努力した。

どうすれば試合に出られるか、必要な選手でいられるかを模索することは、これから先どんな立場であっても、意識し続けていくと思う。

ベテランこそ、〝空気を読む力〟で自分を磨く

1967年生まれのロベルト・バッジオは、イタリアの至宝と呼ばれるファンタジスタだ。フィオレンティーナ、ユヴェントス、ACミラン、ボローニャ、インテルと渡り歩き、00―01シーズンからブレシアでプレーし、引退までの4年間、毎年10点以上のゴールを決めている。

チームメイトは、バッジオを信頼しているから、自然と彼のもとへボールが集まる。バッジオがボールを持つタイミングで、周囲の選手は走り出しているから、味方へパスを出

す。出したパスがバッジオに戻ってくれれば、それをゴールへ決めてしまう。

バッジオは、引退する年ですら、ループシュートなど難しいシュートでゴールを決めていた。高いテクニックを持つ選手だったけど、彼を見ていて思ったことは、「サッカーは年齢じゃないな。技術とか創造性のあるプレーは年をとっても落ちない」ということ。

もちろん、バッジオのようなテクニックやイメージを持つことはできないけれど、大切なのは「いかに柔らかい頭を持っているか」「いかにイメージの引き出しがあるか」だと思う。どんな環境でも順応していくためには、頭を使い、考え、工夫することだ。

「考える力」は、年をとっても関係ない。いや、逆に、経験を積んだぶん、判断のスピードや質は上がるはず。「考える力」は武器となる。だからこそ、年を重ねれば重ねるほど、今まで以上に空気を読み、察知し、考える力を磨いていかなくちゃいけないと思う。

第三節 指導者として歩む夢

今の僕があるのは、子ども時代にサッカーといい関係を築けたから

子どもたちにサッカーを教えたいという思いは、もうずいぶん前から抱いている。それは、なにかきっかけがあったというわけでなく、自然と身についていた思いでもある。ボールを蹴り始めた幼稚園のころから、サッカーをする喜びを僕はずっと感じていた。その喜び、楽しさを子どもたちにも味わって欲しい。

今もまだサッカーをしていられるのは、現在までに出会ってきた、たくさんの指導者やサッカー関係者のおかげだ。日本代表として海外でもプレーしている現状も、僕の力だけで成した結果ではない。

どんな壁にぶつかっても、苦しい思いをしても、なお「サッカーが好きだから」と思い、「巧くなりたい」と前へ前へと進んできた。サッカーといい関係を持ち続けられたのは、

中3のときの失敗があったからだし、それを取り返した高校時代があったから。

プロになるまでの日々が、僕のサッカーに対する基本的な姿勢を作ってくれた。その土台があったから、今がある。

だからこそ、子どもたちにサッカーを教えることで、日本のサッカー界へ恩返しができるんじゃないかと思っている。

06年横浜に「Ｓｈｕｎｓｕｋｅ　Ｐａｒｋ」というフットサル場がオープンしたのを機に、サッカーの楽しさと技術の重要性を伝えたいと、小学生を対象としたサッカースクールを始めた。

僕のように身体がそう大きくなくても、しっかりとした技術を身につければ、高いレベルでサッカーを楽しめる。そのために、僕が経験してきたことを子どもたちへ伝えたい。

僕の思いに賛同してくれたスタッフが、スクールを運営してくれていて、07年はヴァーチャル・スクールと称して、全国各地で出張スクールを開催することができた。大きなスクリーンに登場する僕の映像を見ながら、子どもたちがボールを蹴るんだ。

柔らかい頭と身体で、サッカーの楽しさをどんどん吸収している子どもたちを実際に見ることはなかなかできないけれど、「楽しかった」という子どもたちからのファンレターやスタッフから聞く話は、とても大きなエネルギーを僕に与えてくれる。

指導者の言葉は、大きな影響を与える

僕が最初に壁を感じたのは、中1のときだった。もちろん当時は壁だとも思わず、ただ、悩んでいただけだったけれど。

小学校を卒業して、日産FCのジュニアユースに入った。周囲の選手はどんどん身体が大きくなっているのに、僕は身長が伸びない。平均身長よりも10センチくらい小さかった。みんなは筋肉強化のトレーニングをやっているのに、僕はやらせてもらえなかった。成長期を迎える前に筋トレをやるのは、危険だったから。

宮城県で行われた大会の帰り、新幹線のなかで、移動時間を利用して、コーチがそれぞれの選手と面談を行った。「今、悩みはないか？」と。僕は身長が伸びないことで悩んでいるとコーチに伝えた。

「心配することはないよ。身長はこれから必ず伸びるから。それまでの間に、たくさん技術を磨いておけばいい」とコーチは言ってくれた。

その言葉を聞いてから、僕は懸命にテクニックを磨いた。フリーキックもそのひとつだ。

そのときのコーチは、08年から大宮アルディージャで監督をされている樋口靖洋さんで、コーチのアドバイスは、僕にとってはとても大事な言葉になった。

桐光学園時代コーチだった芳賀敦さん（現・柏レイソルU－15コーチ）は、とても〝サッカーを知っている〟人で、同時に僕自身とサッカーに対する考えが似ていた。だから、プレーの細かい感覚的な話ができる理解者でもあった。でも、「それはちょっと違うんじゃないか」とも言ってくれるから、卒業してからもいろいろと話をする。

トルシエ・ジャパンのとき、もともとのポジションである〝トップ下〟ではなく〝左アウトサイド〟でプレーすることについて悩んでいたときも、もちろん相談した。

「〝左〟で頑張って、そこで結果が残せたら、それはすごいことなんだよ。だって、Jリーグで〝左アウトサイド〟でプレーしている選手を押しのけて、代表では、お前がそのポジションで試合に出ているんだから。本来の〝トップ下〟と、代表での〝左〟と、ふたつのポジションがあるなんて、そんな選手はそうはいないぞ」と言ってくれた。そして、「トップ下で出場している選手のパフォーマンスが下がることもあるから、その出場チャンスを活かして結果を出せ」とも。

F・マリノスのアルディレス監督からの「ポジションはどこであれ、先発で試合に出ることが大事だ」という言葉をはじめ、指導者の言葉は、選手にとって大きな影響力を持つ。もちろん、いい影響ばかりでなく、悪い影響を及ぼすこともあるかもしれない。

だから、大切なのは、その選手の性格や立たされている状況を察知したうえで、言葉をかけることだ。褒めて伸びる選手もいれば、その逆もある。

将来、監督になりたい僕にとって、すべての指導者が手本だ

自分の将来的な目標を〝監督〟と意識するようになってからは、すべての指導者が僕にとっての手本となった。

かつてお世話になった指導者についても、そういう目で考え直すこともある。記憶の中で、しぐさや言動を追ってみると、「こういう性格の選手だから、こんな風に言葉をかけるんだ」ということが見えてくる。また、監督のキャリアや現役時代のプレースタイルを鑑みて、「だから、こういう判断をするんだ」「このタイミングで交替をするのか」などの気づきがあり、得られる情報はたくさんある。

いい選手がいい指導者になるとは限らない。選手時代は無名でも名監督になる人もいる。前チェルシーの監督だったジョゼ・モウリーニョは、プロ選手としてのキャリアはなく、

29歳のとき、通訳としてプロリーグに関わった。バルセロナで通訳からアシスタントコーチとなり、37歳でベンフィカで監督デビュー。39歳でポルトを指揮すると、UEFAカップに優勝し、40歳でチャンピオンズリーグの優勝監督となった。彼もきっと、通訳時代からサッカーを学び、指導を学んできたのだと思う。辛らつなコメントでも有名なモウリーニョだけれど、選手からとても信頼されていたと聞いたことがある。それは選手を知り尽くしていたからだと思う。

もちろん、そんなモウリーニョもとても高い察知力を持っているはずだ。

オシム監督の言葉

オシムさんとの出会いも貴重な体験だった。練習方法からも学ぶことはあったが、一番影響を受けたのは、ミーティングでの彼の言葉だった。

アジアカップのときだった。

世間は日本代表の3連覇を期待し、新聞記事も「優勝しなくちゃいけない」というような書き方をしていた。そういう状況のなかでオシムさんは言った。

「記事を見たか、誰もが日本の3連覇と書きたてている。この状況では、対戦相手のほうが有利なんだぞ。なぜなら相手は挑戦者という姿勢で『失うものは何もない』と、ぶつかってくるからだ。日本が殿様サッカーをしてみろ、すぐに食われて、負けてしまう」

そんな風に最初は精神論的な話をしつつも、徐々に試合の話へと話題を移す。

「1―0とリードしたとする。そうすると相手は果敢に攻め込んでくる。お前ならどうする？」と選手に質問を投げかける。選手が答えると「それもひとつのやり方だけど、こういう方法もあるはずだ」と話を広げていく。とてもサッカーを熟知している人だから、いくつものシチュエーションやパターンを提示しながら、選手に考えさせる、決して、「こうすべきだ」とか、サッカーに関しては、答えを断言しない。

サッカーでは何が起こるかわからないから、臨機応変に対応しなさいという姿勢だ。

身体能力に恵まれなかった僕が、なぜ世界で戦えたのかを伝えたい

指導者になれば、またイチからのスタートとなるだろう。

でも、僕が選手として経験したあらゆることを、伝えたいと思う。実際にいろんな舞台でプレーし、戦ったことは、指導者としての僕の武器になるはず。感覚的な細かい部分まで、話してあげられるはずだ。でも、伝えるという作業もまた、容易なことではないこと

も理解している。まだまだ学ぶべきことはたくさんある。

僕の経験を日本サッカー界の未来へ還元したい。

そういう意味で、今の僕は未来の日本の進化のための、ひとつの実験台だと思うことがある。恵まれた身体能力も持たず、身体だって小さい。そんな僕がいかにヨーロッパで戦ってきたのか？　日本代表で世界相手に戦ったのか？

僕の経験が、未来の日本のサッカーのために役立てばうれしい。

だから、現役選手として、まだまだ、たくさんのチャレンジをしなくちゃいけない。選手として身につけた引き出しは、指導者になっても活きるだろう。でもまだ足りない。人としての器も大きくしなくちゃいけないし、やることは、山積している。

僕がどんな指導者になるのかは、今はまだ見当もつかない。

いい気になってレギュラーから外された中3のとき、監督はもちろん、コーチも僕に声をかけなかった。僕は何も考えず、ただふてくされていたから。そのときの指導者は、声をかけないことで「自分で考えろ」というメッセージを僕に送ってくれていた。

そのことをありがたかった、と後に思った。

自分で自分のマイナス点に気づくことができたからこそ、失敗の大きさや、時間を無駄にしたことを痛感できた。その反省があったから、高校で頑張って、取り戻せた。その時期があったからこそ、今でも、満足したら追い越されるという危機感をなくさずに、毎日を妥協することなく過ごせているんだと思う。

僕は、選手のタイプや立場、性格、状況など、あらゆることを察知して、指導方法を変えられる指導者になりたい。

指導者になれば、またさらに空気を読むこと、察知力が重要になってくる。

そして、日本を強くしたいと願う気持ちは、指導者になっても変わらないだろう。

あとがき

サッカーを始めたのは、幼稚園のころからだから、もう25年以上、サッカーばかり追いかけていることになる。生活の大部分の時間をサッカーに費やしてきた。

プロになった当初の数年間は、サッカー以外のことに時間を費やすことは、無駄だとすら思っていた。チームメイトとの食事会も、必要ないと参加しなかった。実際はサッカー以外のことに気を配る余裕がなかった。イタリアへ渡り、イタリアに染まろうとチームメイトと食事にも出かけた。

それもまたサッカーのためだった。

イタリア人は、話すことで喜びを得るような人たちだった。日本のように娯楽がたくさんあるわけじゃないから、会話も重要な娯楽なのだろう。

そして、イタリアに限らず、スコットランドの人も、まったく知らない人同士であっても、「今日は暑いね」といった会話を重ねる。短い会話であっても、人と人とのふれあいを大切にしているからだと思う。

最初はそういう環境で暮らす力が僕にはなかった。

でも、環境に順応していくなかで、会話の楽しさも知ったし、他人に興味を抱き、サッカーとは関係のないことへ関心を持つようにもなった。

家族を持ったことも大きな原因かもしれない。家族ができると、サッカーだけを追いかける生活はできないから変わらざるをえない。関わる人の輪も大きくなっていくし、社会性も求められる。

海外で暮らすこと自体、エネルギーを必要とする。言葉や文化、習慣の違いがあるからこそ、察知力も磨かれたと思う。

〝KY〟という言葉が日本で使われていると聞いた。

〝空気が読めない〟ということらしいが、僕にとってKYは、むしろ〝空気が読める〟というイメージを強く抱かせる。サッカーに関してはもちろん、人として、〝空気が読める力〟は、重要なことだと思っている。

この空気を読む力、察知する力は、人を思いやる力でもある。

相手を知り、自分を知り、そして何をすべきか、どういう言葉を発するべきかを考える。

そういう気持ちがあれば、人間関係はスムーズに運ぶだろうし、どんな仕事であっても、自分の力を発揮するきっかけをもたらしてくれる。

その力を、僕はサッカーを追いかけることで磨いてきた。

人間として成長できたのは、年齢を重ねたことだけが理由ではないと思う。

サッカー選手として、多くの人を見て、観察し、学んだ経験は、人としての僕を育ててくれた。数え切れない壁にぶつかり、悔しさを味わいながら、それでも前を向き、戦ってきた。目標を達成するためにもがいた日々は、僕の誇りでもあるし、勲章でもある。

でも、ひとりで乗り越えてきたわけじゃない。

支えてくれた家族や友人、チームメイト、指導者の方々、スタッフ、そしてサポーターには、本当に感謝している。

でもまだ終わったわけじゃない。

スペインでプレーしたいという夢もある。

日本を強くしたいという目標もある。

現役選手として、やるべきことはまだたくさんある。

先のことはわからない。でも、ひとつだけわかっていることがある。
僕は、一生サッカーを追いかけていく。
これは間違いない。

２００８年３月

中村俊輔

著者略歴

中村俊輔
なかむらしゅんすけ

1978年、神奈川県生まれ。
幼稚園のとき、深園サッカークラブでサッカーを始める。
中学時代は日産FC（現・横浜F・マリノス）ジュニアユース。
桐光学園ではエースとして高校選手権準優勝に貢献。
97年、横浜マリノス（現・横浜F・マリノス）加入。
99年・00年ベストイレブン。00年MVPなどのタイトル獲得。
Jリーグ通算148試合33得点。
02年、イタリア・セリエAレッジーナへ移籍。
05年、スコットランドリーグの名門セルティックFCに、3年契約で移籍。
06／07年、日本人として初めて欧州チャンピオンズリーグ決勝トーナメント進出。
05／06、06／07年とリーグ戦優勝。ベストイレブン、
年間最優秀ゴール、選手投票によるMVP、記者協会選出のMVP、
セルティックサポーター投票によるMVP&最優秀ゴール、
チームメイトが選ぶMVPを受賞。
欧州リーグで日本人のMVP受賞は初。

幻冬舎新書 082

察知力

二〇〇八年五月三十日 第一刷発行
二〇〇八年六月 十 日 第二刷発行

著者 中村俊輔
発行者 見城 徹
発行所 株式会社 幻冬舎
〒一五一-〇〇五一 東京都渋谷区千駄ヶ谷四-九-七
電話 〇三-五四一一-六二一一(編集)
〇三-五四一一-六二二二(営業)
振替 〇〇一二〇-八-七六七六四三
ブックデザイン 鈴木成一デザイン室
印刷・製本所 中央精版印刷株式会社

Printed in Japan ISBN978-4-344-98081-5 C0295
な-4-1
幻冬舎ホームページアドレス http://www.gentosha.co.jp/
*この本に関するご意見・ご感想をメールでお寄せいただく場合は、comment@gentosha.co.jpまで。

幻冬舎新書

島田紳助
ご飯を大盛りにするオバチャンの店は必ず繁盛する
絶対に失敗しないビジネス経営哲学

既存のビジネスモデルはすべて失敗例である――。素人だからこその非常識を実現化する魔法のアイデア構築法、客との心理戦に負けない必勝戦略など、著者が初めて記す不世出の経営哲学書！

加藤鷹
エリートセックス

日本のセックスレベルは低下する一方。そこでカリスマAV男優である著者が、女性6000人との経験から導いた快感理論を展開。〝自分で考えるセックス〟ができない現代人へのメッセージ。

西野仁雄
イチローの脳を科学する
なぜ彼だけがあれほど打てるのか

現在、世界最高のプロ野球選手であるイチローのプレーを制御する脳は、一体どうなっているのか？　彼の少年時代から現在までの活躍を追いながら人間の脳の機能が自然にわかる、もっともやさしい脳科学の本。

伊藤真
続ける力
仕事・勉強で成功する王道

「コツコツ続けること」こそ成功への最短ルートである！司法試験界のカリスマ塾長が、よい習慣のつくり方、やる気の維持法など、誰の中にも眠っている「続ける力」を引き出すコツを伝授する。